ANDRÉ GIROTTO

A ARTE DE SER EFETIVO

Diferenciando aqueles que trabalham muito dos verdadeiros executivos de SUCESSO

ANDRÉ GIROTTO

A ARTE DE SER EFETIVO:

Diferenciando aqueles que trabalham muito dos verdadeiros executivos de sucesso

Para gestores e empresas que precisam transformar a estratégia da organização em realidade, garantindo excelência na execução, competitividade, assertividade e criatividade no curto, médio e longo prazo, pois necessitam entender que tudo aquilo que estão fazendo e como estão fazendo no momento, não garantirá o resultado esperado no futuro.

Com a participação especial de 9 CEOs, clientes e amigos do autor, que vem revolucionando o mercado alicerçado em suas práticas de gestão inovadora:

Alan Acosta – CEO da Drakkar / Andre Luis Monteiro Coser – CEO da Closures Systems Internacional (CSI) / Jainir Alves Júnior – CEO da F5 Gestão Empresarial / João Braz Naves – CEO da RTE Rodonaves / José Rubens Oliva – CEO da Guia-se Agências Digitais / Marcelo Lobo – CEO da Clamper Indústria e Comércio / Nelson do Nascimento Castro – CEO da Cory / Paulo Eduardo Lozano – Diretor da VB Serviços / Victor Arndt Júnior – CEO da Bioclin-Quibasa

São Paulo

2020

A ARTE DE SER EFETIVO

Autor

André Girotto

Presidente da Netprofit Company – Autor do Livro Menos Rambo, Mais Sniper: a saga dos gestores na busca de resultados extraordinários e coautor do Livro Executivos da alta gestão: um legado para humanidade – Campinas-SP

Assessoria e revisão técnica

Neusa Haubert

Graduada em Marketing e Publicidade e Bacharel em Direito; Pós-graduada em Didática do Ensino Superior e Direito e Processo do Trabalho e Graduanda em Psicologia. Professora Especialista em Metodologia Científica – Rondonópolis-MT

Barbara Rodrigues Barbosa

Graduada e Mestra em Filosofia pela Pontifícia Universidade Católica de São Paulo (PUC-SP). Doutoranda em Filosofia pela Universidade Federal de São Paulo (UNIFESP) – São Paulo-SP

Colaboração

Alan Acosta

CEO da Drakkar – Santa Maria-RS

Andre Luis Monteiro Coser

CEO da Closures Systems Internacional (CSI) – Jundiaí-SP

Jainir Alves Júnior

CEO da F5 Gestão Empresarial – Belo Horizonte-MG

João Braz Naves

CEO da RTE Rodonaves – Ribeirão Preto-SP

José Rubens Oliva

CEO da Guia-se Agências Digitais – Indaiatuba-SP

Marcelo Lobo

CEO da Clamper Indústria e Comércio -

Nelson do Nascimento Castro

CEO da Cory – Ribeirão Preto-SP

Paulo Eduardo Lozano

Diretor da VB Serviços – São Paulo-SP

Victor Arndt Júnior

CEO da Bioclin-Quibasa – Belo Horizonte-MG

Prefácio

Um dos maiores empresários do Brasil e gestor de empresas do segmento de tecnologia, treinamentos corporativos, hotelaria e beleza. Formado em Administração de Empresas pela Fundação Getúlio Vargas e Mestre em Engenharia de Computação no IPT – Instituto de Pesquisas Tecnológicas.

A ARTE DE SER EFETIVO:

Diferenciando aqueles que trabalham muito dos verdadeiros executivos de sucesso

Girotto, André.

A arte de ser efetivo: diferenciando aqueles que trabalham muito dos verdadeiros executivos de sucesso. / André Girotto. 1. ed. Campinas-São Paulo: André Girotto, 2020.

1. CEOs. 2. Alta Performance. 3. Resultado.

Capa
Studio 28 – Paulínia-SP

Ilustração da Capa
Studio 28 – Paulínia-SP

Diagramação
Renata Milan

Gráfica Campinas
Rua Nazareno Mingoni, 684, Jardim do Lago, CEP: 13.050-022
Campinas – São Paulo – Tel: (19) 3254-7324

Dedico este livro à minha esposa Hilda Passareli e ao meu filho Felipe Girotto, que lidam com minha ausência em diversos momentos de suas vidas devido às inúmeras viagens que fiz e faço pelo país para ministrar os treinamentos do Programa de Certificação High Performance Executive. Apesar da saudade, a compreensão familiar prevaleceu junto ao meu propósito de vida, que envolve uma extensa jornada longe de casa, por vezes semanas consecutivas, transformando vidas, empresas e exercendo aquilo que acredito ser minha missão no mundo.

É deles, todo o meu amor e apreço.

AGRADECIMENTOS

Ao longo dos anos, muitas pessoas contribuíram para o desenvolvimento dos conceitos da metodologia contida neste livro. Assim, para cada uma dessas pessoas, volto meus sentimentos de agradecimento, carinho e reconhecimento: somos fortes, porque andamos na jornada da vida juntos.

Agradeço a todos que colaboraram e, especialmente, aos meus associados na Netprofit Company, por acreditarem em nossos sonhos e aspirações e, principalmente, por andarem ao meu lado em todos meus projetos, demonstrando que a força de uma organização é a união e o comprometimento de todos.

Minha gratidão também aos meus sócios: Rafael Kaysel, Elisa Silvestre e Gustavo Rueda. O empenho, competência e dedicação de vocês foi fundamental na construção e consolidação da Netprofit Company enquanto empresa.

Com sentimento de admiração e gratidão, agradeço aos CEOs que estiveram comigo durante essa jornada e tornaram o meu trabalho mais belo, mais produtivo e interessante.

"Treinar os colaboradores não é um privilégio das empresas ricas, mas sim a estratégia das empresas inteligentes".

Thiago Tombini

PREFÁCIO

Ernesto Haberkorn

Por que alguns empresários têm mais êxito que outros? O que, afinal, eles fazem de diferente? Como agem? Qual a sua formação? Será que essas perguntas têm uma resposta? Única, correta, absoluta?

Neste livro, André nos dá um acervo de atitudes para que possamos ver, com clareza, onde está o "X" da questão. O assunto é complexo. Hoje temos cursos, livros, vídeos e palestras que buscam nos ensinar a trilha do sucesso, de como fazer a empresa crescer e, ainda mais que isso, como a fazer crescer com lucro.

Com vários exemplos ao longo texto e, ao final dele, relatando a história de empresários que contaram com sua assessoria, percebe-se que uma orientação externa também é extremamente relevante quando se trata do desempenho de uma gestão eficaz.

Vivemos em um mundo extremamente competitivo. As empresas disputam entre si um mercado cada vez mais exigente e recheado de concorrentes. O líder, o responsável em escolher seus subordinados, por definir as mudanças no seu produto, ou a forma de oferecer os seus serviços, nem sempre é capaz de achar uma solução que atinja plenamente seus objetivos.

A busca do empresário por um consultor, professor, mentor, orientador ou, como agora é denominado, um "coach", pode ser interpretada, por vezes, como um sinal de impotência ou falta de capacidade para resolver seus próprios problemas. Ledo engano!

Eu, como empresário, por muitas vezes me vi nesse dilema e busquei na Netprofit Company a ajuda que necessitava. Tanto em sala de aula como em uma conversa mais reservada, o André sempre me impressionou pela clareza, transparência e exatidão com que analisa as situações. Como vender mais, como reduzir os custos, aumentar o resultado e tornar a equipe mais motivada foram situações resolvidas de forma objetiva e eficiente.

Agora temos essas orientações colocadas em um livro. Sem dúvida, ele servirá de bússola para muitos empresários que ainda tentam resolver seus problemas sem a ajuda e suporte de pessoas que enxergam o seu negócio com uma visão mais objetiva e com a cabeça imune aos vícios e problemas que corroem, impedindo o seu desenvolvimento.

As crises continuarão a existir. Não só no Brasil, como em todo mundo, a pandemia, citada no livro e que vivemos em 2020 é uma prova disso. Parecia que o mundo ia desabar, mas quando ele aqui nos fala que a solução é "vender mais, produzir mais, atender mais clientes ou oferecer mais para o cliente em relação aos concorrentes, fazer melhor (qualidade), fazer mais rápido (prazo) e com um custo operacional menor" não está menosprezando a gravidade da situação, antes, ele está nos levantando, nos mostrando que desanimar é bobagem, que tudo tem solução, que tudo passa. É disso que precisamos! Precisamos de pessoas que nos orientem e que façam isso com argumentos sólidos, precisos e convincentes. É isso que faz toda a diferença.

A leitura deste livro deve ser feita com esse espírito. Algumas ideias podem até já ser do nosso conhecimento, mas, mesmo assim, não as praticamos. São esses detalhes que tornam certas pessoas melhores sucedidas: saber ouvir, refletir, absorver, ter a humildade de sugar esses conselhos e entender que, embora saibam, não estão fazendo a sua obrigação, ou não a estão fazendo da forma correta.

Não fosse assim, as histórias dos CEOs que vemos ao longo do livro, não teriam sido contadas. Duvido que tanto eles como eu, naquilo que me propus, teríamos chegado lá se não fossem as aulas e consultorias, ministradas pelo André, no decorrer de nossas jornadas.

Temos o privilégio de ter tudo isso no papel agora, em uma obra colocada à disposição de todos. Boa leitura!

LISTA DE FIGURAS E QUADROS

Figura 1 – Julgamento das características (Conhecimento-Habilidade-Atitude)--50
Figura 2 – Conhecimento-Habilidade-Atitude=Ser Efetivo-------------------51
Figura 3 – Soma das variáveis que geram a potência------------------------69
Figura 4 – Quatro etapas da tática do jogo-----------------------------------92
Figura 5 – Classificação de tarefas na empresa------------------------------108
Figura 6 – Gráfico High Performance---------------------------------------150
Figura 7 – Diferença entre gestor e coach------------------------------------161
Figura 8 – Caminho para o alcance dos objetivos traçados----------------167
Figura 9 – Pipeline de Inovação--188
Quadro 1 – Classificação ABC--195
Figura 10 – PDCA---199
Quadro 2 – Etapa 1 - questões relacionadas a função----------------------201
Quadro 3 – Etapa 2 – alavancagem da atuação efetiva---------------------202
Quadro 4 – Etapa 3 – indicadores de performance da função--------------202
Quadro 5 – Curva ABC--203
Quadro 6 – Alinhamento--204
Quadro 7 – Projeção para alavancagem de performance-------------------205
Quadro 8 – Alinhamento--207
Quadro 9 – Projeção para alavancagem de performance-------------------207

SUMÁRIO

INTRODUÇÃO------21
CEO DA RTE RODONAVES------37
CAPÍTULO 1 – O VERDADEIRO DIFERENCIAL COMPETITIVO DE UMA EMPRESA ESTÁ SENDO SUBUTILIZADO------43
1.1. Estratégias e Utilização de Recursos------45
1.2. Ter Conhecimento e Habilidades não Significa Fazer Acontecer------49
CEO DA CORY------55
CAPÍTULO 2 – A FÓRMULA PARA HIGH PERFORMANCE------67
2.1. Potência------69
2.2. Foco------71
2.3. Disciplina------71
2.4. Engajamento------72
CEO DA DRAKKAR------75
CAPÍTULO 3 – TÁTICA DE JOGO PARA CHEGAR LÁ------87
CEO DA CLOSURES SYSTEMS INTERNATIONAL (CSI)------93
CAPÍTULO 4 – O QUE IMPORTA PRIMEIRO É SER EFETIVO------101
CEO DA BIOCLIN-QUIBASA------113
CAPÍTULO 5 – SER AINDA MAIS COMPETENTE, ONDE TENHO QUE SER MAIS COMPETENTE------123
CEO DA GUIA-SE AGÊNCIAS DIGITAIS------137
CAPÍTULO 6 – A TRANSFORMAÇÃO DA PERFORMANCE DO TIME------147
CEO DA CLAMPER INDÚSTRIA E COMÉRCIO------153
CAPÍTULO 7 – UTILIZANDO O MÉTODO COACHING: AS PESSOAS APOIAM UM MUNDO QUE AJUDAM A CRIAR------159
7.1. Feedback------145

DIRETOR DA VB SERVIÇOS--169

CAPÍTULO 8 – CRIAR UM PIPELINE DE INOVAÇÃO, OU FICAR SEMPRE EM SEGUNDO LUGAR--181

8.1. Brainstorming para Gerar Insights e Pistas-------------------------------188

8.2. Classificação de Pistas a Serem Seguidas--------------------------------193

8.3. Trabalhando as Ideias Viáveis--195

8.4. Planejamento e Novos Insights para Execução-------------------------196

8.5. Protótipo, Ajustes e Medição--197

8.6. Implantação e Avaliação de Resultados---------------------------------197

8.7. Melhoria Contínua---198

8.8. Roteiro para Aplicação da Metodologia de Coaching para Performance Netprofit---200

CEO DA F5 GESTÃO EMPRESARIAL---209

CONCLUSÃO--217

REFERÊNCIAS--219

INTRODUÇÃO

High Performance – É o que diferencia aqueles que *realmente* fazem acontecer, daqueles que *acham* que fazem acontecer! É o que separa aqueles que geram RESULTADOS EFETIVOS, alcançam e superam metas em um curto espaço de tempo, daqueles que não atingem resultados, não batem meta e culpam o cenário que vivenciam no mercado, como se todos os problemas advêm do ambiente externo. Além disso, da maneira como entendo, o conceito *high performance* é mais amplo que fazer o esperado ou exigido por outrem, estando ligado com exceder o esperado, ou seja, profissionais que fazem a diferença e fazem diferente, ajudando a empresa ou corporação a fazer "mais" que os concorrentes, "melhor", "mais rápido" e com "custo operacional melhor", tornando a empresa mais competitiva.

Abro, aqui, uma importante explicação em relação a qualidade de ser efetivo, ou seja, de ter competência no desempenho de suas funções. Muitos já devem ter ouvido falar que uma empresa precisa ser eficiente e eficaz para se tornar competitiva no mercado, contudo, entro neste campo indo mais adiante e dizendo que, de acordo com Maximiano[1], a efetividade constitui o equilíbrio entre esses dois polos, isto significa dizer, a otimização de resultados (eficácia) a partir da melhor forma possível de ação (eficiência).

Você sabe como fazer mais do que você faz hoje, sem ter que trabalhar mais horas por dia? Sabe como vender mais? Sabe como produzir mais? Sabe como fazer isso tudo mais rápido que as outras pessoas? Vender mais rápido, produzir mais rápido, CRIAR as soluções, serviços e produtos mais rápido do que os seus concorrentes? Sabe como antecipar o futuro? Sabe como fazer tudo isso gastando menos?

Se para alguma destas questões a resposta foi "não", enquanto você gostaria que fosse sim, então, tenho certeza que este livro possa lhe ajudar a trilhar um novo caminho e, certamente, nessa nova jornada os resultados alcançados poderão se tornar novos motivadores.

Este livro é destinado aos empresários, executivos, gestores, líderes, *coaches,* consultores e a todos os profissionais que desejam "vencer" em seus cená-

---

1 MAXIMIANO, Antonio Cesar Amaru. **Teoria geral da administração: da revolução urbana à revolução industrial**. São Paulo: Atlas, 2017.

rios adversos. Os conceitos expressos aqui te ajudarão a conquistar seus desejos, vencendo barreiras e solidificando novas condições em sua vida.

Sejam bem-vindos ao MUNDO da ARTE DE SER EFETIVO!

O MUNDO onde o número quantitativo de pessoas em uma empresa não conta, onde ter mais recursos financeiros, tecnológicos e materiais não significa ter melhores resultados, onde o número de graduações, pós-graduações e MBAs realizados por um indivíduo não significa competência, onde nem mesmo o conhecimento (do modo como o concebemos) tem o escopo necessário para ser um "porto seguro" garantidor do sucesso da organização.

Um MUNDO, onde FAZER Mais, Melhor, Mais Rápido e com Menos Recursos é o que, efetivamente, leva ao alcance dos objetivos traçados e ao sucesso tão esperado. Um NOVO MUNDO, onde somente os que conseguirem se transformar e se adaptar serão capazes de chegar ao topo de suas conquistas empresariais.

Somente aqueles que aprenderem a repensar e questionar diariamente a sua forma de agir, suas maneiras, seus comportamentos e procedimentos, conseguirão chegar a algum lugar, ou, sendo mais específico, ao lugar que desejam, atingindo o objetivo traçado e o caminho trilhado com os melhores resultados.

Atuo como empresário há mais de 20 anos e, como *coach* e *trainer* de líderes de times que buscam a Alta Performance, há 16 anos e, o que eu aprendi? Que nada irá garantir seus resultados no futuro. O que importa não é o que você sabe, mas o quanto se esforça para aprender aquilo que ainda não sabe. FAZER é a única chave para TER, PENSAR e AGIR, superando o planejar para executar.

Sei que tudo isso pode parecer confuso, até mesmo contraditório. Porém, após ser o responsável pela capacitação de mais de 40.000 líderes e executivos, de centenas de empresas nacionais e multinacionais, acompanhar a elaboração de planejamentos estratégicos, planos de ações, medições de resultados e performances efetivas, entendo o que realmente faz a diferença e o que importa quando o assunto é alta performance, isto é, quando falamos sobre ser efetivo e acertar o alvo.

Muitas empresas enfrentam desafios como, por exemplo, fazer parte de um grupo muito agressivo que cresceu vertiginosamente, de modo rápido, e, assim, precisam adotar uma gestão ainda mais profissional, com foco em resultados de maneira a, efetivamente, tornarem-se mais competitivas no mercado.

Também é comum os líderes não entenderem, de fato, sobre a velocidade das mudanças, isso faz com que muitos deles não estejam abertos para o turbilhão de inovações. Isso ocorre, às vezes, porque alguns líderes estão há muitos anos na empresa e foram crescendo com ela, mas, na maioria dos casos, acontece porque eles não possuem ferramentas e conhecimento de gestão de pessoas, principalmente, em cenários de constantes mudanças. Entender que gestão de pessoas é responsabilidade deles, isto é, trabalhar mais com as pessoas do que atuar tanto de forma operacional, é uma necessidade e gerará resultados incríveis para o bem de toda a empresa.

Esse, por exemplo, era o caso da empresa Aegea – a maior empresa de saneamento do segmento privado no país. Está presente em 49 cidades, em onze estados brasileiros, com 33% do mercado privado de saneamento básico do Brasil, atende a mais de 7,6 milhões de pessoas no país e com aproximadamente 3.500 funcionários. Ao conhecer esse cenário, a Netprofit Company percebeu também que haviam inúmeros desafios com relação à comunicação, ruídos, informações incompletas chegando às pontas de formas distorcidas, em grande parte, pelo fato da organização ser essencialmente descentralizada.

Percebemos ser fundamental que as pessoas, principalmente os gestores, se apropriassem do sentimento de “dono”, com foco nos resultados, além disso, precisavam ter metas mais arrojadas, mais claras, entendíveis, sinérgicas e sistêmicas, como um único time, deveriam, também, procurar trabalharem juntas em prol de um único objetivo, precisavam, assim, centralizar suas forças e recursos em objetivos comuns e positivos.

Com essa projeção, iniciamos o trabalho com a maior unidade do grupo, chamada de ÁGUAS GUARIROBA, concessionária responsável pelos serviços de água, coleta e tratamento de esgoto em Campo Grande, capital do Estado de Mato Grosso do Sul.

Iniciamos com o Programa *High Performance Executive*, treinando mais de 60 gestores, dentre eles diretores, gerentes, coordenadores, líderes e os principais analistas. É importante ressaltar que o trabalho causou um impacto positivo logo nos dois primeiros dias de imersão.

Por ser um grupo que passava por contínuas cobranças por bons resultados, e que, apesar de grande parte serem experientes, nunca haviam participado de um processo como esse, que os desafiasse e mexesse com todos de forma tão intensa. Puderam perceber, na prática, como gestores junto ao seu time alcançam resultados extraordinários em tempo recorde, ensinando-os como encontrar respostas, principalmente, na mudança de pensamento e comportamento frente aos desafios.

Segundo o relato do próprio Gestor de Planejamento, Cristhian Taborda, logo ao final dos dois dias de imersão, "a empresa começa uma nova história de inovação, criatividade, produtividade e RESULTADOS." Isso significa novos tempos de efetividade gerencial, estratégica e organizacional.

As pessoas saíram motivadas e confiantes do treinamento, colocando muitos dos planos de ação, definidos em sala, em prática, porém, pela forte demanda e necessidade de implantação da cultura de Alta Performance na empresa e, para garantir que toda essa movimentação gerasse frutos, iniciamos, na sequência, um processo de acompanhamento, permitindo acelerar ainda mais a performance, inovação e resultados, chamado de *Sprint High Performance*, idealizado pela Netprofit Company utilizando técnicas de gestão ágeis, mentoria, coaching e gamificação[2] (*Sprint HPE*), onde dividimos os 60 gestores que participaram da primeira edição em 7 times de trabalho e criamos uma sistemática de encontros mensais, com duração de 6 meses.

Quando falamos de treinamento, estamos nos referindo aos Programas de Treinamento & Desenvolvimento (T&D), para Chiavenato[3] o T&D é um processo educacional realizado nas empresas e, mesmo sendo executado em um curto período de tempo, tem a capacidade de melhorar o ambiente organizacional, com base em ações sistemáticas e organizadas, as quais tornam os colaboradores mais aptos para o desempenho de suas funções produtivas. Ainda segundo o entendimento de Milkovich e Bourdreau[4] esse programa é um sistema de capacitação, que promove as habilidades e capacidades dos colaboradores, motivando-os para o cotidiano de sua vida na empresa.

No primeiro encontro do *Sprint HPE*, fizemos uma reunião de uma hora com cada grupo para que pudessem apresentar os projetos a serem trabalha-

---

2 De acordo com Paharia (2013, p. 65): "[...] a gamificação emprega técnicas motivacionais que os designers de videogames têm usado por anos, para motivar os jogadores, e aplica-as em contextos que não são jogos. Essas técnicas incluem (mas não se limitam a): concepção de objetivos a serem alcançados, reconhecimento por *badges*, engajamento via competição, encorajamento à colaboração em equipe, caracterização de *status* por *ranking* e estímulo ao acúmulo de pontos".

3 CHIAVENATO, Idalberto. **Recursos humanos**. 9. ed. São Paulo: Atlas, 2009.

4 MILKOVICH, George T.; BOUDREAU, John W. **Administração de recursos humanos.** São Paulo: Atlas, 2010.

dos ao longo dos 6 meses de participação no programa. Os resultados foram incríveis, tivemos 150 projetos criados durante a imersão de 2 dias, colocados em prática oportunamente, sendo 67 deles com impactos financeiros mensuráveis, o que gerou R$ 11.678.232,00 (onze milhões, seiscentos e setenta e oito mil, duzentos e trinta e dois reais) a mais de lucro líquido extra em relação ao planejado para a operação.

Além disso, as melhoras intangíveis foram muito evidentes. Segundo relatos de alguns gestores, após o término do projeto, "houve resistência inicial do grupo, que pensou que seria apenas mais um projeto sem maiores impactos e, hoje, percebemos que conseguimos reduzir alguns custos sem perda da qualidade e com impactos positivos nos próximos anos". Salientaram, ainda, que ocorreu uma grande "quebra de paradigma" que, de acordo com Gomes et al.[5], permite a transformação da empresa na busca por melhores oportunidades.

Mesmo considerando o tempo de amadurecimento do conceito Netprofit, as equipes entenderam que é possível visionar e/ou criar oportunidades de incremento de receita e/ou economia financeira. E, ainda segundo os gestores, os colaboradores aprenderam que: "a persistência foi determinante para o desenvolvimento do programa, devido à falta de tempo que todos estão vivendo nesse momento na empresa, com suas atividades diárias e novas atribuições, aprender a eleger as prioridades e focar de forma objetiva foi fundamental para que o programa não enfraquecesse ou morresse no meio do caminho."

Trabalhamos em nossos encontros diversas abordagens, porém, os seguintes conceitos, na prática, estiveram presentes com maior ênfase: 1. Como superar as metas mais desafiadoras da organização; 2. Como fazer mais, melhor, mais rápido e com menos recurso que os concorrentes; 3. Como inovar para ter até dez vezes mais resultados; 4. Como pensar e agir diferente para que seja possível tomar decisões que confiram, para a empresa, uma vantagem competitiva em tempo recorde; 5. Como despertar nas equipes o sentimento de "dono"; 6. Como envolver toda a equipe para obter resultados realmente extraordinários; 7. Como cada um dos colaboradores pode se sentir verdadeiramente FELIZ no trabalho, para que as coisas realmente possam valer a pena e 8. Como ser um *High Performance* na VIDA!

---

5 GOMES, Grasieli Lima; NICK, Gisele; TORRES, Tércia Zavaglia. Gestão de pessoas: novos paradigmas para uma gestão estratégica. **Revista Eletrônica FACP.** Ano III. n. 08, p. 27-48, jul. 2015.

Observamos que a maioria das pessoas ainda estavam mantendo um alto nível de energia, de motivação e engajamento. Nesse encontro, explicamos como seria o trabalho de acompanhamento, como estariam participando de um novo campeonato (gamificação), expusemos a dinâmica de trabalho, o acompanhamento de suas performances por meio da melhora nas matrizes de atuação efetiva e de competências essenciais, acompanharíamos os projetos de inovação e eles teriam que multiplicar esses conceitos e acompanhar a performance de seus liderados.

Em função da dificuldade de pararmos e reunirmos um grande contingente de pessoas ao longo de um dia, o segundo encontro foi realizado apenas com o líder de cada grupo, oportunizando, para cada um, uma hora para representar seu time e apresentar os avanços que obtiveram no mês anterior. Pudemos observar que a performance, de maneira geral, não havia sido muito satisfatória, pois os líderes não se preocuparam em manter o foco e disciplina nas áreas de alto impacto nos indicadores e, com isso, acabaram sendo "engolidos" pelas demandas do dia a dia. Na maior parte dos casos, eles se engajaram pouco aos projetos, acabaram não se organizando ao longo do mês, não trabalharam em grupo e deixaram para trabalhar nos projetos na última hora.

Com um discurso alinhado e com o apoio do diretor executivo, reforçamos e cobramos com mais rigor a importância do comprometimento deles, enfatizamos a ideia do nosso trabalho de desenvolvimento e ressaltamos, especialmente, que esse processo não era um trabalho extra nas atividades e responsabilidades do dia a dia deles, mas sim, que era algo totalmente alinhado com os objetivos esperados pela empresa e, a partir dessa colocação, foi possível observar que a reação da maioria deles foi muito positiva.

No terceiro *sprint,* grande parte dos grupos haviam passado por um processo de ampla evolução, muitos projetos já haviam sido implementados e já era possível, inclusive, observar a geração de importantes resultados. Esses fatores geraram impactos positivos no grupo, pois começavam a observar as coisas acontecerem de verdade, vendo os resultados das ideias e esforços deles, demonstrando que estavam no caminho certo. Alguns grupos inovaram, inclusive, nas apresentações, atuando de forma bem impactante.

Embora tenhamos alcançado bons resultados de forma geral, a verdade é que nem todos os grupos responderam tão bem, dois deles continuavam apenas entregando o combinado e estavam bem abaixo dos outros cinco grupos. Naturalmente, isso foi pontuado, todavia, por não terem assistido aos outros grupos, não conseguiram visualizar e compreender o quanto estavam atuando de forma inferior aos demais.

Por isso, na sessão 4 do *sprint,* todos os líderes estavam presentes ao longo de todo o dia, assistindo à apresentação dos grupos. Esse fato se demonstrou excelente, pois, com isso, foi possível perceber a evolução que tiveram. Dois grupos realmente atuaram como campeões, trabalharam de forma unida, com disciplina e foco, trazendo novas iniciativas, trabalhando forte para implementar e acelerar os resultados dos projetos, colocando em prática os aprendizados e dicas passadas na sessão anterior e, isso significa dizer, gerando excelência nos resultados.

Outros resultados positivos foram observados e um dos grupos, mais operacional, também melhorou seu desempenho, ainda que estivesse abaixo dos dois primeiros. Todavia, já se observavam novas concepções relativas aos avanços alcançados com a nova postura dos membros do grupo.

Os outros quatro conquistaram uma boa performance, mesmo que um pouco abaixo dos três primeiros. Isso não significou mau desempenho, porém, ainda não estavam em altíssima performance como os demais. Os dois grupos que estavam com piores índices no encontro anterior, merecem um destaque especial, pois conseguiram se superar e melhorar significativamente sua atuação. Os sete grupos já haviam gerado rendimentos financeiros, o que apontava resultados positivos em todas as equipes.

Algo importante e impactante foi o fato de os líderes terem assistido aos demais grupos, pois, desse modo, tiveram a oportunidade de trocar experiências, verificar boas práticas, compreender o que poderiam fazer ainda melhor, entender com mais clareza o papel de cada setor, conhecer melhor os projetos dos demais e saírem motivados para o penúltimo encontro.

Para o *sprint* 5 fizemos mais uma alteração, identificamos que em alguns times, aqueles que ainda não estavam "voando", os líderes não estavam liderando como poderiam ou deveriam e isso não permitia o avanço de suas equipes, pois, não conseguiam motivar, engajar e nem demonstrar a importância e propósito do trabalho. Para resolver isso, fizemos uma reunião de uma hora com cada grupo, todos os membros do grupo estavam presentes e traziam seus projetos, assim como todos os líderes assistiram à apresentação de todos os grupos.

Essa sessão foi ainda melhor, havendo uma evolução mais evidente dos grupos e, devido a participação maciça de todos os participantes dos grupos na reunião, ocorreu maior engajamento e motivação para novas conquistas. Assim como, pelos líderes terem assistido os outros grupos na sessão anterior, eles minimizaram os *gaps* e usaram as ideias e boas práticas das equipes que estavam se destacando. Nesse momento, os grupos estavam trabalhando em 90 projetos, desses, 31 projetos passaram a gerar um retorno de 51 vezes o valor investido. Nessa ocasião os preparamos para a próxima e última sessão.

A última sessão foi surpreendente, os grupos seguiam divididos em dois blocos, um deles composto pelos três primeiros, que buscavam ser os melhores, e o outro composto pelos outros quatro grupos que, apesar de reconhecerem que naquela altura do campeonato não conseguiriam mais superar os três primeiros, estavam empenhados em fazer o melhor, pois não queriam ficar em último.

Tivemos a demonstração de cada grupo, apresentando seus projetos, contando seus aprendizados e resultados obtidos, além da premiação tanto dos destaques individuais como dos grupos que se destacaram com os melhores resultados alcançados. Foi surpreendente, todos deram um verdadeiro *sprint* final, houve um aumento significativo da motivação, engajamento, foco e disciplina e, portanto, um aumento incrível dos resultados.

De acordo com Josélio Alves Raymundo – Diretor Executivo da empresa: "Esse treinamento colaborou de uma forma incrível com o modo de enxergar as coisas, resultados, processos e pessoas".

Não se tratam de simples técnicas ou conceitos isolados, como estamos cansados de ver cotidianamente, mas de uma linha metodológica com começo, meio e fim, para que líderes e times possam se transformar em profissionais *"extra-ordinários"*, ou ainda, quem sabe, pessoas capazes de alcançar resultados surpreendentes e realizar coisas incríveis, beneficiando todo o grupo.

Tudo começou quando percebi, com a prática dos mais de 700 treinamentos aplicados, que todas as pessoas possuem "potencial" para gerar resultados extraordinários, isso mesmo: TODAS AS PESSOAS POSSUEM! Todavia, a maior parte delas ainda não descobriu isso, ou, simplesmente, não acredita que isso possa ser verdade. De certo modo, a maioria das pessoas não faz ideia de como fazer ou por onde começar e, por isso, acabam não desenvolvendo seus potenciais.

Diante dessa constatação, passei a desenvolver um método de trabalho, partindo do princípio de que todos nós nascemos com um potencial em comum para realizarmos as coisas. No entanto, o grau dessa potência varia dentro de cada indivíduo, como se deslizasse por uma régua que vai do zero ao cem por cento de uso de momento para momento, de minuto para minuto, podendo se destacar pouco ou muito, sendo um ator protagonista da história da empresa e do grupo em que atua.

O que diferencia uma pessoa que costuma obter excelentes resultados e realizar coisas incríveis, de outra que não consegue conquistar muita coisa na vida, é a porcentagem média que cada uma delas utiliza do seu potencial humano, tendo como escala essa "régua imaginária" e, claro, utilizando-se dessa potência na direção certa. Afinal, acelerar na direção errada, ou de forma aleatória, só nos afastará do resultado necessário ou esperado. Nesse sentido, não apenas precisamos acelerar, mas, estar no caminho certo de forma a alcançar os objetivos traçados.

Quando uso o termo "extra-ordinário", não tenho a menor pretensão de discorrer sobre algo fantasioso ou milagreiro. A minha premissa é falar de pessoas reais e de situações concretas e entender que, no dicionário, a palavra extraordinário significa: "Não conforme ao ordinário ou ao costume". Isto quer dizer, a oportunidade de retirar as pessoas de um "estado ordinário", linear, padrão, ordenado e constante, para uma nova possibilidade, a de entender que somente o "extra-ordinário", ajudará a fazer verdadeiramente a diferença, ou seja, permitirá a efetiva conquista do que foi projetado.

Entender como elevar seu potencial de realização humana de maneira a fazer com que ele atinja esse "estado extra-ordinário" do ser, que beneficiará não só o seu desempenho profissional, mas também todas as outras áreas da sua vida é o que convidamos você a fazer, durante a jornada desse livro, que a cada nova página traz em sua essência a demonstração de superação dos nossos limites e de como ter uma performance mais efetiva e ter, na potência, a força motriz para a transformação.

Nesse sentido, precisamos compreender potência como aquilo que tem o poder, a força, o vigor e a importância, que permitirá a execução de uma atividade, a mudança de um estado de ser. De acordo com Helerbrock[6], na física a potência é medida por Watts (w) e "[...] pode ser definida como a taxa de realização de trabalho a cada segundo ou, como o consumo de energia por segundo".

---

6 HELERBROCK, Rafael. Potência e rendimento. **Brasil Escola.** Disponível em: <https://brasilescola.uol.com.br/fisica/potencia.htm>. Acesso em: 08 jul. 2020, p. 1.

Para alcançar a potência desejada, antes, é necessário quebrar o estado conhecido como *staked*, termo em inglês que significa "estacado" ou "paralisado", constituindo o primeiro e, talvez, mais importante desafio para começarmos a entender, verdadeiramente, a definição de alta performance.

Eu poderia dizer que, em diversas oportunidades, durante nossos trabalhos de performance com executivos, nos deparamos com cenários em que os membros da equipe se encontravam paralisados, é precisamente nesse quesito que iniciamos nosso processo de mudança.

Fazer com que as pessoas saiam do estágio de letargia, ou seja, se movam com velocidade, poder, força e vigor, segundo a celeridade das necessidades de transformações mundiais, é um critério absoluto e inquestionável para a sobreviver nesta "guerra" corporativa. Todavia, esse movimento pode parecer impossível na visão de alguns gestores.

Alicerçado nessas concepções, posso afirmar que, para alguns gestores, não é possível conseguir mais, melhor e mais rápido da sua equipe ou, pelo menos, com uma ou algumas pessoas da equipe. Isso ocorre porque certas pessoas são lideradas por gestores que não sabem como fazer, ou seja, não compreendem e nem conhecem técnicas para dinamizar o grupo, assim, consideramos que a culpa do grupo letárgico ou sem capacidade de movimento e aceitação de mudanças é dos próprios gestores.

Certamente, precisamos ter consciência de que pessoas não são problemas, pessoas são parte das soluções e, muitas vezes, são os gestores que não sabem como lidar com isso, como contribuir para que a equipe seja capaz de atuar de modo efetivo. E, me atrevo a dizer que, muitas vezes somos esse tipo de gestor, porém, não temos consciência de nossas fragilidades enquanto líderes.

Me lembro de uma cena quando voltei de uma das minhas viagens e, ao chegar em casa, fui recebido pelo meu filho Felipe, com 8 anos na época. Após me abraçar, ele pediu para brincar em nosso carro. Mais do que rápido, entrei na brincadeira, permiti que ele se sentasse no banco do motorista, me sentei no banco do passageiro e fomos brincar. Foi muito engraçado, divertido, mas, ao mesmo tempo, tive um *insight*: me senti ao lado de alguns dos mais de 500 diretores com os quais já realizei trabalhos de *coaching* e revivi aquele momento como se estivesse em uma das grandes empresas que atendemos, sentado ao lado de um desses diretores que, na metáfora, seria o meu filho, o carro se referindo ao setor a ser dirigido, o motor, seria as pessoas (diga-se de passagem, 248hp de potência), e o salário, o combustível completo. Contudo, por mais que meu filho virasse o volante para lá e para cá, fingindo que realizava movimentos no câmbio automático do carro e criando diversos obstáculos ao seu redor (quase todos frutos de sua imaginação), o fato é que o carro não se MOVIA.

Acompanhei um relevante contingente de diretores com o objetivo de oportunizar a direção ou, especificamente, o movimento, a evolução, a aceleração, e a vontade de progredir, de forma a se destacarem e chegarem mais rápido que os concorrentes, melhor e com menor custo/gasto, no entanto, eles simplesmente estavam paralisados e não conseguiam se mover. E, o mais intrigante, é que eles culpabilizavam outras pessoas, porém, eles eram os únicos responsáveis por essa condição de marasmo e passividade. É como se meu filho culpasse o carro por não o levar ao lugar que ele imaginava ou desejava.

Gestores devem aprender a LIGAR o "carro", colocar o câmbio automático na posição *drive*, avaliar os obstáculos reais em seu entorno, coordenar a direção de forma a desviar desses obstáculos e, de modo gradativo, acelerar na direção certa, preferencialmente, sem andar à deriva, com a observação e direção de um sistema de GPS que precisa estar corretamente ligado, permitindo o trajeto exato e se, por algum motivo, houver um desafio ou percalço durante a viagem, o percurso possa ser recalculado quantas vezes se fizer necessário.

Tudo parece simples, e de fato pode ser, no entanto, devemos entender o que cada uma dessas peças representam e, especialmente, como traduzir na prática essa metáfora para nossa vida pessoal e profissional. Já posso adiantar: atitude é tudo.

Atitude é o acelerador, é o que realmente tem a potência para mover o carro e traduzir tudo o que se faz em resultado. Nesse sentido, se o gestor não atuar com excelência, com uma gestão composta pela administração e pelo controle intencional da atitude das pessoas (modo de agir, comportamento, mudanças, pensamentos, sentimentos, aplicação de conhecimentos, busca de novas habilidades, volume, ritmo, intensidade e direção das ações), posso afirmar que ele não está preparado para alcançar os melhores resultados de sua equipe, pois ainda não possui conhecimento da efetiva gestão de pessoas.

Agora, com o intuito de instigar a sua curiosidade e vislumbrar questionamentos reais e importantes para ativar seu "modo de ser efetivo", lanço aqui algumas importantes perguntas: 1. Afinal, você tem consciência de qual é a efetiva missão do gestor? 2. Qual é o seu papel estratégico na organização? 3. O que realmente o gestor precisa saber para ajudar a levar a empresa para o próximo nível? 4. Quem é o gestor que irá sobreviver na 4ª Revolução Industrial? E, ainda mais intrigante: 5. O que faz de você um desses gestores?

Para responder essas e outras indagações, vamos começar a explorar o universo de situações e fatores que podem, realmente, fazer a diferença no que se refere a nossa capacidade de autocompreensão e autoavaliação de como nós, gestores, contribuímos ou não para que as coisas aconteçam, para que os membros da equipe se movam e movam a engrenagem chamada empresa.

Despertar a potência que existe nas pessoas com volume, ritmo, intensidade e direção é ação determinante para um gestor ativo e apto levar seu grupo a alcançar os objetivos traçados para tornar a empresa efetiva e competitiva. No entanto, precisamos ter em mente a seguinte questão: É possível dizer, em média, o quanto de potência as pessoas conseguem manifestar em seus ambientes de trabalho?

Segundo o autor norte-americano John Whitmore[7], um grande pesquisador na área de liderança e *coaching* para performance, em média, apenas 40% do potencial de um indivíduo é manifestado em seu ambiente de trabalho. Tendo como base esses dados levantados por Whitmore, nós, da empresa Netprofit, chegamos à conclusão de que existem três tipos de situações que impulsionam as pessoas a elevarem o seu potencial, partindo para a ação com mais energia e permitindo fazer mais, melhor, mais rápido e/ou gastando menos recursos, são eles: 1. O quão bem as pessoas se saem em situações de perigo ou risco; 2. Elevamos nosso nível de potência quando vivenciamos uma situação da qual gostamos e; 3. Mesmo pessoas que, aparentemente, não possuam muita energia, ou potencial, podem surpreender, inclusive a si mesmas, em algum desses cenários.

A capacidade de potência que um ser humano tem em resolver uma situação complexa e transformar a sua realidade, pode ser demonstrada quando se analisa a entrevista de Jack Kirby, que faria 98 anos se ainda estivesse vivo e, já no final de sua vida, revelou ao *The Comics Journal* que sua inspiração para a criação do personagem Hulk, foi a força de uma mulher (mãe) que, ao ver o seu filho pequeno em perigo, embaixo de um carro, levanta a traseira do veículo sozinha para salvar sua criança. Nesse momento, Kirby compreendeu

---

7 BROCK, Vikki G. The secret history of coaching: what you know and what you don't know about how coaching got here and where coaching is going in the future. **EMCC.** Dublin, 18-20 sep. 2010. Disponível em: <http://www.wikkibrock.com/wp-content/uploads/2010/11/emcc-2010-secret-of-coaching-history-paper-brock.pdf>. Acesso em: 21 dez. 2019.

que a potência empregada por uma pessoa para a realização de alguma coisa, tem relação com o desespero e com o transcender das dificuldades.

Em resumo, podemos afirmar que situações emergenciais levam as pessoas a atingirem picos de uso do seu potencial que, possivelmente, em uma condição estável e segura, elas jamais alcançariam. O que isso quer dizer? Que as pessoas podem fazer muito mais e mais rápido do que fazem hoje, com maior aplicação de potência/energia do que já fizeram ou ainda fazem, quando isso for de extrema necessidade para elas.

É claro que você já sabia disso. Inclusive, muitos métodos adotados por gestores consistem nesta estratégia, ou seja, ameaçar seus colaboradores (se não bater a meta será demitido, se não resolver esse problema, está fora, se... se...). Confesso que muitas vezes funciona. Se soltarmos um pitbull em cima das pessoas, a maioria, possivelmente, correrá com a máxima potência. Porém, tão logo o pitbull deixe de perseguir a pessoa e o perigo deixe de ser concreto, ela voltará ao seu estágio de passividade e de falta de potência, ficando novamente parada.

Talvez esse seja um dos motivos que levam os gestores a terem a necessidade de ficar o tempo todo, ou de tempos em tempos, "soltando" os cachorros em cima do time. Vivem dizendo que se não chamarem a atenção, as coisas não andam. Se não ficarem em cima, as coisas não acontecem. E, sinceramente, minha experiência aponta para o fato de que as coisas não acontecem mesmo.

Bem, se por um momento essas constatações parecem pesarosas para o futuro das empresas, por outro, ainda acredito que se o gestor tiver a capacidade de entender o potencial que as pessoas possuem, certamente, poderá buscar outras formas de elevar o potencial das pessoas sem ter que soltar os cachorros o tempo todo, sem ter que utilizar do desespero e do medo para tornar forte a potência de ação.

Na sequência, considero importante destacar outro fator capaz de elevar a manifestação de potência nas pessoas: quando estão fazendo algo que gostam muito. Por exemplo, quando estão indo torcer pelo seu time do coração ou praticando seu esporte favorito, ou seja, gostar de fazer, eleva a manifestação da potência das pessoas.

Entrando nessa linha de análise, pense nas coisas que você tem paixão em fazer e avalie o quão intensa é sua dedicação a elas, quanta energia você investe na execução daquela atividade. Por quantas horas faria aquilo esquecendo do tempo, do mundo e de suas preocupações. No entanto, é claro que, um importante contingente de gestores acredita que esse fator não depende deles.

Assim, ou a pessoa gosta do que faz e faz bem feito ou simplesmente não gosta e faz "meia boca", como escuto continuamente nas reuniões e nas empresas.

Obviamente, esse gestor está equivocado, pois deveria entender que ele também pode atuar para motivar o uso do potencial de sua equipe e que essa energia do prazer e da motivação é muito mais duradoura que aquela gerada pela situação de crise. É menos intensa, mais é muito mais duradora e, uma vez gerada, não necessita mais atuações constantes dos gestores.

Para entendermos melhor, proponho as seguintes questões: As pessoas fazem algo bem por que gostam do que estão fazendo? Ou, gostam do que estão fazendo por que sabem fazer bem? A primeira opção tem relação com o prazer em fazer algo e, por isto, consequentemente, acabar por fazer bem. A segunda opção tem relação com fazer algo bem e, por este motivo, aprender a gostar do que se faz. É preciso compreender, no entanto, que "o gostar do que se faz", ou "fazer o que se gosta" são caminhos complementares, pois, minha experiência de atividades com gestores, me fez observar que o prazer em desempenhar uma atividade a torna mais efetiva.

Agora, vamos fazer um exercício: feche os olhos, imagine-se praticando algo que lhe dá prazer e entenderá o que digo. Você verá que a sua dedicação, energia e empenho tendem a aumentar e, seu potencial tende a ser manifesto em maior quantidade. Todavia, para que possa sentir prazer em desenvolver essa atividade, você precisa ter se esforçado, tê-la feito muitas vezes e precisa, também, tê-la executado com maestria. Desse modo, considero relevante que você compreenda que quando se faz algo com conhecimento, acaba-se fazendo com prazer, ao mesmo tempo que, se gostas de alguma atividade também a realizará com prazer.

Em terceiro lugar, Whitmore listou uma situação interessante que também ativa o alto uso de potencial nas pessoas: quando elas se dão conta de que são capazes de fazer muito mais do que estão fazendo. Isto é, quando se surpreendem com a sua própria capacidade.

Nos treinamentos que ministro, simulamos várias dessas situações de maneira que os participantes "sintam na pele", ou, "vejam com seus próprios olhos", o nível extraordinário de potência de ação que possuem e não estão utilizando. São vivências de grande intensidade, que causam impacto e acabam por modificar o que essas pessoas pensam delas mesmas e sobre os resultados que estão tendo em suas empresas e corporações.

Bom, vamos a um exemplo simples: pense em um indivíduo, vamos chamá-lo de João. Um rapaz considerado sem atitude no seu ambiente de trabalho. Em casa, a esposa toma a frente das decisões e reclama de sua falta de iniciativa, o coitado ainda leva bronca da mãe, que se queixa das poucas visitas que recebe do filho. João se comporta todo dia de forma apática, sem emoção, estanque no "estado ordinário" de ser. Em seu dia a dia, ele costuma usar pouca energia em tudo e faz pouco perto do que poderia fazer. Com isso, acaba utilizando pouco do seu potencial, sendo visto, dessa forma, pelos que estão ao seu redor e, por ele mesmo, como alguém que não tem potencial para fazer algo ou alcançar objetivos.

A vida de João segue assim, meio aqui, meio ali, meio morna. No entanto, um belo dia, João se vê na seguinte situação: seu filho está brincando na rua e um pitbull escapa da coleira. Do lugar em que estava observando a cena, ele não teria tempo de alcançar o filho e o salvar, mas, em contrapartida, estava próximo do cão feroz e viu que tinha como cruzar seu caminho em direção à criança.

O que você acha que o João, aquela pessoa sem atitude, sem iniciativa, completamente acomodado e sem energia ou potencial de ser, fez? O que qualquer pai que ama seu filho faria. João, com toda a velocidade possível, atacou o pitbull antes que ele pudesse partir para cima de seu filho. Os dois, homem e cão, lutam por intermináveis quatro minutos, quando o dono do famigerado cão aparece e consegue domar seu animal.

Agora, lhe pergunto: João agiu como um sujeito "ordinário", comum, linear, nessa situação? A resposta é não! Claro que não! Você concorda que a potência de uso do nosso amigo pulou de uns 20%, para os 100% de atuação? Entendendo que atuação tem relação com VOLUME, RITMO E INTENSIDADE. Volume, ou quantidade de ações. Ritmo, ou velocidade da ação e Intensidade ou energia da ação. A resposta é sim! Claro! No entanto, a pergunta mais importante a ser feita aqui é: por que será que João não vive a vida, em seu dia a dia, utilizando um pouco mais da sua energia, da sua potência e como alguém que age de forma "extra-ordinária" em relação a outros? Claro que não estamos nos referindo aos 100%, pois isso seria uma "atitude extrema", mas, quem sabe, se ele a utilizasse apenas um pouco mais, somente 20% ou 30% a mais na média? Afinal, capacidade nós já vimos que ele tem.

Nossa proposta é te ensinar como utilizar essa potência de atuação com foco e impacto em seus resultados corporativos. Ficou curioso? Você vai descobrir como fazer isso nas próximas páginas. A história de João é breve, porém, ilustra bem sobre o que falaremos daqui por diante: o funcionamento de uma metodologia *High Performance,* que promoverá uma grande transformação nos seus resultados e nos de seus colaboradores. Iniciaremos essa jornada agora...

Assim, ao final de cada capítulo deste livro trazemos a história de um CEO, considerando que as suas vivências se envolvem com o tema discutido em cada um dos referidos capítulos.

CEO DA RTE RODONAVES

"Meu pai sempre foi um herói para mim,
é por isso que eu me inspiro nele, sempre".
João Braz Naves

DADOS BIOGRÁFICOS

João Braz Naves nasceu em Itamogi, interior do Estado de Minas Gerais, em 31 de outubro de 1950. É filho de Honório Braz Naves e Maria Aparecida de Castro Naves. É casado com Vera Lúcia Marabin Naves há 34 anos, desde 22 de fevereiro de 1986, e com ela constrói uma vida feliz, diante de muita luta e de pequenas e grandes conquistas.

Possui quatro filhos: Mateus Oliveira Naves, Tiago Oliveira Naves, Taís Oliveira Naves e João Braz Naves Filho. E sete netos: Raul Riul Naves, João Mateus Thomazim Naves, Felipe Carvalho Naves, Enzo Carvalho Naves, Pietra Naves Cincos e Vicente Naves Cincos, os quais considera a força motriz de sua vida.

É proprietário fundador da Empresa RTE Rodonaves e nos conta relatos, que demonstram a magnitude de sua vida pessoal e profissional.

TRAJETÓRIA PROFISSIONAL

Minha trajetória começou de forma simples, como a maioria das pessoas de minha geração, na zona rural, na região das cidades de Altinópolis-SP e Itamogi-MG. No ano de 1970 fui para Ribeirão Preto no Estado de São Paulo foi quando tive minha primeira oportunidade de trabalho, na antiga rodoviária da cidade.

Comecei minhas atividades profissionais como vendedor de passagens de ônibus em uma empresa terceirizada e depois de um ano e meio, fui para outra empresa, a qual me deu a oportunidade de ser registrado, lembro-me que na época isso trouxe um sentimento de segurança e reconhecimento.

Pouco tempo depois, recebi uma proposta para trabalhar em São Paulo, na Rodoviária Júlio Prestes, empresa na qual desenvolvi minhas atividades laborais por um período aproximado de três anos e onde aprendi muito do que apliquei depois em minhas andanças profissionais. Depois dessa experiência e percebendo a necessidade de mudança, voltei para Ribeirão Preto para uma nova vaga que surgiu, pois queria ficar mais próximo da minha família. Até hoje, carrego em meu coração esse sentimento de felicidade pela proximidade da minha família e a certeza que o seio familiar é o aconchego que a alma precisa depois de um dia cansativo de trabalho.

Permaneci trabalhando na antiga rodoviária por um período aproximado de dois anos, quando nos mudamos para a nova rodoviária, empresa onde permaneci por mais de quatro anos. Foi nessa empresa que identifiquei a oportunidade de despachar mercadoria para clientes que buscavam esse serviço em empresas de ônibus. Era o início da RTE Rodonaves, em um pequeno box nessa rodoviária. Eram poucos metros de espaço, uma infinidade de oportunidades que se descortinavam em minha vida e que reescreveram a minha história.

MEU PAI, MEU HERÓI

É normal que, quando crianças, nossos pais sejam nossos heróis, porém, quando vamos crescendo outros personagens povoam nossas mentes e corações. No entanto, em minha vida eu sempre tive e terei meu pai como herói.

Por necessidade, meu pai, o Sr. Honório Braz Naves, sentiu que eu deveria sair da fazenda e desbravar a cidade grande. Naquela época não era comum os pais incentivarem os filhos a deixarem a terra. Todavia, ele me incentivava, dizendo que na cidade eu poderia trabalhar com o que eu queria e, também, poderia me relacionar com mais pessoas e ter um futuro melhor.

Mesmo sabendo que eu poderia lhe ajudar nas lidas do campo, meu pai tinha um amplo horizonte sob seus olhos, por esse fato "meu pai sempre foi um herói pra mim, é por isso que eu me inspiro nele, sempre".

DESAFIOS E RESULTADOS VIVENCIADOS EM MINHA VIDA PROFISSIONAL

Chegar em Ribeirão Preto com o mínimo de leitura foi meu primeiro desafio e, certamente, um dos maiores. Esse fato ocorreu no decurso de uma fase de muitas mudanças na minha vida e, especialmente, por ter gerado inúmeras dificuldades e limitações, me marcou muito.

Quando comecei a empresa, há quatro décadas, eu não tinha certeza de que teria bons resultados, mas, no mínimo me controlava para ter o mesmo salário que tinha quando ainda trabalhava como vendedor de passagens, de forma que tivesse a capacidade para sustentar minha família. Em pouco tempo pude perceber que conseguia converter minha agilidade e as oportunidades geradas pelos clientes em melhorias para o negócio que eu acabava de começar.

As parcerias foram surgindo conforme fui ampliando as regiões de atendimento e, certamente, a escolha de bons parceiros sempre foi elemento de fundamental importância para o crescimento da empresa. Inclusive em uma ocasião quando recomeçamos nossa operação após desfazermos uma parceria no ano de 1994. Essa foi uma época difícil, pois, ficamos com poucos veículos, nossa estrutura foi reduzida em mais de 80% e continuar parecia impossível, mas, seguramente, era a única coisa que podíamos fazer naquele momento. Assim, a fé e a força para trabalhar muito nos mantinha no caminho, que tínhamos como um norte para a empresa.

Hoje, recordando esse período de minha vida, considero que a coragem, o apoio da família, a persistência e a força de vontade sempre estiveram presentes em minha vida.

Muito embora o cenário não parecesse positivo para o desenvolvimento da empresa, a RTE Rodonaves foi crescendo de forma acelerada novamente, por meio de expansão territorial, atendendo novas regiões e entendendo as necessidades dos clientes para oferecer as melhores soluções. Afinal, a satisfação das necessidades e desejos de nossos clientes que nos impulsionava continuamente.

Sou uma pessoa extremante esforçada para realizar, da melhor forma, tudo o que faço e, nesse momento de minha existência, afirmo: tudo é possível na vida, desde que você faça com transparência, honestidade e com respeito às pessoas.

O QUE UM LÍDER PRECISA TER

Durante um longo período, as empresas não tinham a visão de que era necessário ter líderes e não apenas gestores, mas, com o passar do tempo e a compreensão sobre o valor de cada ser humano que faz parte ativa da equipe, o líder ganhou um novo olhar.

Acerca da liderança, considero que um líder precisa ter uma visão 360º. É importante manter um olhar permanente em todas as variáveis, cuidando de pessoas, firmando boas parcerias e se preocupando com a perenidade do negócio.

PRINCIPAIS APRENDIZADOS NA GESTÃO E LIDERANÇA

Quando cito os principais aprendizados na gestão, liderança e no percurso de minha vida profissional, considero necessário apontar que durante todo esse período me preocupei com três pilares na empresa: o relacionamento com as pessoas (comercial), a capacidade de atendimento (operação) e a saúde financeira da empresa (sustentabilidade do negócio).

Considero, ainda, necessário apontar que a gestão e liderança devem trabalhar para valorizar cada membro de sua equipe, de forma a harmonizar os relacionamentos entre as pessoas e gerar um ambiente saudável para o desenvolvimento das atividades, gerando bons resultados.

DESAFIOS DO PLANEJAMENTO, EXECUÇÃO E INOVAÇÃO

Quando iniciei minha trajetória, não tinha muita ideia de como fazer um bom planejamento, mas, com o passar do tempo e a experiência na gestão, percebi que é vital ter bons planejamentos para edificar positiva e produtivamente todas as atividades, por isso, mantive o contínuo aprendizado a partir dos três pilares que citei anteriormente.

Conforme a empresa foi se profissionalizando, novas pessoas foram entrando nessa família, agregando ao contribuir com o que tinham de melhor para tornar nossa empresa mais eficiente, eficaz e para construirmos um ambiente melhor. Foi assim desde o início, com a chegada da Vera, por exemplo, que se tornaria a maior parceria da minha vida, a minha esposa.

Ela chegou quando a RTE Rodonaves ainda era uma portinha na rodoviária, dispondo-se a ajudar em tudo que podia, demonstrando que eu não estava mais sozinho com a empresa e que podia sonhar em crescer ainda mais. Ela foi entendendo do negócio, emitia um frete, cuidava do financeiro e eu conseguia ir para a rua, estar mais próximos dos clientes, fazer o papel de relações públicas da empresa. No decorrer dessa trajetória, a Vera se preparou e assumiu a Diretoria Financeira da RTE Rodonaves e, atualmente, é também, Vice-Presidente do Grupo Rodonaves.

A chegada de Everaldo Araújo, no ano de 1995, também foi extremamente significativa e marcante, pois ele trazia experiência em gestão, fator fundamental para que nossa empresa pudesse crescer ainda mais. Hoje, Everaldo é Diretor Administrativo e Jurídico, ajudando na tomada de inúmeras decisões e considero que ele foi um dos principais protagonistas dessa jornada de vitória da empresa.

Sempre nos perguntamos, quanto a inovação, o que, de fato, poderia ser uma melhoria percebida pelo cliente. Ao olharmos para trás, entendemos que ao oferecer facilidades nas resoluções de problemas e entendimento a demanda de cada empresa a RTE Rodonaves se revelou um parceiro-chave para o crescimento dos nossos clientes. Essas medidas fazem parte de nosso DNA e, para nós, ações como essas são verdadeiras inovações.

Posso dizer também que as pessoas certas em minha história são fatores que contribuíram muito para o planejamento, execução, inovação e em qualquer outro tópico que podemos abordar, pois são os pilares de uma construção que se solidifica com a continuidade das relações e do trabalho.

DICAS PARA SAIR DA TEORIA E CHEGAR AO TOPO

Sinto que as pessoas poderiam aprender mais na prática. Entendo que a teoria seja importante, mas levando em consideração minha experiência, eu diria que "colocar a mão na massa" é um excelente aprendizado. Independentemente de teoria ou prática, todos deveriam fazer o que verdadeiramente amam. Seja qual for a sua idade, etnia, classe, você deve fazer o que gosta e colocar todo o seu amor em cada atividade, em cada membro da equipe e em cada cliente.

Considero que a frase "você é o seu maior concorrente" seja uma das assertivas mais relevantes no campo profissional. Desse modo, se você exercer com excelência todas as suas atividades, o resultado virá sem que você precise se comparar a outra pessoa.

Nunca tenha vergonha de dar um passo atrás. Se precisar, recomece. Se reinvente quantas vezes for preciso. Levante-se quantas vezes for necessário e acredite, somente dessa forma é possível transformar todos nossos sonhos em realidades sólidas.

As pessoas ao seu redor são fundamentais para você chegar onde pretende, por isso, trate-as da forma como você gostaria de ser tratado. Você pode partir do nada e chegar mais rápido a algum lugar se for sozinho, mas tenha certeza, você chegará mais longe se tiver as pessoas certas lutando todos os dias ao seu lado.

Nesse momento, ao finalizar essas linhas sobre minha vida profissional, lembro de um tripé que norteia minha vida em todos os campos: "Fé, família e trabalho".

CAPÍTULO 1

O VERDADEIRO DIFERENCIAL COMPETITIVO DE UMA EMPRESA ESTÁ SENDO SUBUTILIZADO

"Com este treinamento, pode-se mudar a história de uma empresa e a vida dos que estão inseridos nela".
José Eduardo Barbetti (Diretor da RÁDIO cultura HD).

"Trabalho único. Com estruturação e metodologia totalmente focada no profissional de alta performance, com uma praticidade e facilidade de aplicação incrível. Indicado para todo mundo que deseja "ser melhor", independente da profissão, área, carreira, família etc."
Pedro Ribeiro da Costa

Na contemporaneidade, observo que empresas e corporações travam uma luta constante tanto para se manterem, quanto para vencerem no mercado em que atuam e, nesse momento de pandemia, em cenários de crises econômicas, esse combate é ainda mais difícil. Nessa batalha diária, o objetivo é achar formas de fazer mais (quantidade – vender mais, produzir mais, atender mais clientes ou oferecer mais para o cliente em relação aos concorrentes, dentre outros), fazer melhor (qualidade), fazer mais rápido (prazo) e com um custo operacional menor. Ou estou errado? Talvez, hoje, a sua empresa esteja justamente discutindo alguns destes pontos, ou, quem sabe, discutindo TODOS eles. Buscando, simplesmente, SUA SOBREVIVÊNCIA neste mercado globalizado, exigente e competitivo.

1.1. Estratégias e Utilização de Recursos

Nos dias de hoje, um contingente relevante de empresas aposta em inovação tecnológica a fim de se tornarem mais competitivas no mercado, buscando alicerçar em bases modernas a sua atividade. Observo que existem indústrias e corporações em geral, aderindo à automatização de suas produções, adotando o uso de sistemas de tecnologia já testados pelo mercado, que, de fato, fazem crescer o índice de produtividade e qualidade, além de aumentarem a rapidez dos processos e reduzirem os custos no que se refere à mão de obra, entre outros.

Uma empresa de refrigerantes hoje, por exemplo, produz de 100 a 1.000 vezes mais unidades de produto, com 1/3 do custo com o qual arcava antes. Tudo isso graças as imensas e sofisticadas engrenagens de sistemas de produção em série e inovações tecnológicas, que não apenas tornam mais automatizadas as indústrias, como oferecem produtos de alta qualidade e a custo acessível devido a todo esse sistema.

Diante desses dados, poderíamos dizer que a saída para as empresas é investir em tecnologia. No entanto, alguns fatos precisam ser considerados. O primeiro deles é: tecnologia de ponta tem alto custo de implementação. Nem toda empresa tem capital reserva para fazer uma aposta alta como essa atualmente, ou seja, é preciso investir, primeiramente, altos valores para posteriormente ter o retorno esperado.

Na atualidade, é importante observarmos o entendimento de Carvalho[8] sobre o processo de evolução/revolução das indústrias a partir da inovação tecnológica e sua consequência na organização: "A inovação ganha importância em razão de sua estreita relação com a competitividade. [...]".

Em segundo lugar, precisamos levar em conta que, assim como uma empresa busca adquirir um aparato tecnológico, visando melhorar seu processo produtivo, os concorrentes dela também o farão. Logo, a vantagem que seria competitiva passa a ser comparativa. Pesquisas e estudos nesse setor apontam que levará de seis meses a um ano para que seu concorrente adquira a mesma tecnologia que você. Isso não é um problema, é apenas um fato.

Diante dessa constatação, alguns empresários decidem usar a estratégia da melhor oferta, que em resumo, significa baixar o preço do produto, ou serviço oferecido, a fim de ganhar da concorrência. No entanto, essa é outra forma de criar uma corrida sem fim ou uma verdadeira "corrida maluca", como no desenho animado. Isto é, todos utilizando seus recursos de forma desordenada, buscando chegar em primeiro lugar sem qualquer critério a não ser "chegar na frente", o que pode gerar o desperdício de recursos e o congestionamento na linha de chegada, fazendo com que ninguém possa, efetivamente, ter bons resultados.

A empresa abaixa o preço e, se isso atrair mais clientes, seus concorrentes farão o quê? Reduzirão ainda mais a oferta deles para não perder mercado e assim sucessivamente. Se pensarmos nas grandes redes varejistas, por exemplo, que adquirem produtos em grande quantidade e conseguem revender a um preço mais em conta, perceberemos que elas acabam tendo força para impactar no negócio dos pequenos empreendedores do mesmo ramo. Porém, grandes corporações estão aí e são milhares, ou seja, não adianta adotar uma estratégia de ação que inibe apenas uma parcela da concorrência, é preciso aprender a utilizar de forma coerente e consciente os resultados, reduzindo desperdícios.

Diante desse panorama, a minha análise do mercado hoje é: invista em tecnologia e busque trabalhar com preços competitivos, porém, não esqueça que existe um grande potencial SUBUTILIZADO e esse pode ser o diferencial de uma corporação, esse potencial é quase ilimitado, todavia, é preciso observar que os métodos de gestão atual, tem se mostrado extremamente limitados.

Esse diferencial são as PESSOAS, só que é preciso aprender a como o uti-

---

8 CARVALHO, Hélio Gomes de. **Gestão da inovação.** Curitiba-PR: Aymara, 2011, p. 11.

lizar MAIS! A importância das pessoas e, sua gestão no ambiente organizacional, é apontada por Chiavenato[9] ao relatar que são elas o mais extraordinário ativo das organizações.

Lembra do João? Aquele cidadão que foi citado na introdução desse livro? Pois é! Ele pode se transformar numa grande arma contra a concorrência. Ele e tantos outros "Joãos" e "Marias" que habitam o coração de todas as empresas e corporações deste país e que estão ali, no suposto "conforto do talvez", utilizando apenas 20% ou 40% de sua potência.

O que seria da sua empresa, se soubéssemos como fazer as pessoas manifestarem 60% desta potência ou do seu potencial? Qual seria o impacto a médio e longo prazo? Seria uma diferença de 50% ou 100% em relação ao estado normal e natural que as pessoas se encontram. Nesse sentido, podemos dizer que seria a presença da efetividade organizacional, unindo a eficiência e eficácia.

Quando eu falo esse tipo de coisa em treinamentos, os executivos costumam sorrir ironicamente e me falar: "Mas André, tem um fator aí que não depende da gente, que é quando, por exemplo, as pessoas não querem mudar. Estão acomodadas". Uma vez um gestor chegou a dizer que: "Já chegamos até a pagar cursos de capacitação e até MBA's para muitos em nossa empresa e é incrível como poucos aproveitam, a grande maioria não faz nada com isso. Pior, melhoram seus currículos e depois saem da empresa, vão para os concorrentes. Investimento perdido...! Você não acha?"

Minha opinião é: claro que nem sempre funciona! Até mesmo um MBA pode ser visto pelos colaboradores apenas como mais um benefício que a empresa lhes oferece. E claro, com uma oportunidade de melhorar o currículo acreditam que irão ganhar mais ou ter melhores ofertas de trabalho. Porém, isso não é algo que gere alto impacto nos resultados da empresa em um curto espaço de tempo e pior, não conseguimos nem medir o retorno sobre o investimento que a empresa fez.

Aqui eu entro em um importante aspecto transformador de uma organização, o seu capital intelectual, ou seja, o trinômio conhecimento/ competência/ habilidade que faz parte de cada colaborador e, como explicam Rocha e Selig[10]

---

9 CHIAVENATO, Idalberto. **Op. cit.,** 2009.

10 ROCHA, Joséilton Silveira da; SELIG, Paulo Maurício. Mensuração do capital intelectual x avaliação de empresas. **Cruzando Fronteras:** Tendências de Contabilidad Directiva para el Siglo XXI. p. 1-19, 2008.

a sua relação com a equipe de trabalho. A empresa precisa valorizar o seu capital intelectual oferecendo além de bons salários, oportunidades para o desenvolvimento, educação corporativa, flexibilidade de horários e um ambiente adequado para o crescimento pessoal e profissional, além de valorizar seus funcionários como seres humanos, ou seja, motivando-os e os instigando para que, desse modo, sua equipe seja seu diferencial a partir das ações dos gestores.

Nesse sentido, reitero essa concepção e aponto que pagar um MBA nem sempre é sinônimo de investimento, pois, em alguns casos, pela falta de retorno, isso acaba virando custo para a empresa. Independente de um MBA, que certamente pode ajudar com uma boa base de conhecimentos, o fato é que o melhor investimento em pessoas SÓ PODE SER FEITO PELO SEU GESTOR!

Você pode estar dizendo: "Ok! Mas eu já faço de tudo". Mas, novamente, sabemos que existem pessoas e pessoas, né? Existem colaboradores que, por mais que você peça ou tente o motivar, parece que não vai. E outros que são automotivadas! Adentro, aqui, no conceito de Maximiano[11]: "motivação para o trabalho é o processo pelo qual o esforço ou ação que leva ao desempenho profissional de uma pessoa é impulsionado por certos motivos. [...]. A motivação pode produzir o desempenho positivo ou negativo".

O resultado é: "Que Dá? Dá!" Dá para trabalhar todas as pessoas e todas elas podem produzir muito mais do que produzem hoje e se sentirem mais motivadas por isso e para isso. Sim! Todas! Talvez você apenas não saiba, ainda, como fazer isso ou, ainda não tenhamos feito com um método correto. Um método que seria capaz de despertar a motivação intrínseca (interna) e extrínseca (externa) de cada colaborador, tornando a equipe potencialmente mais comprometida e efetiva. Afinal, a "arte de ser efetivo" é a arte de ser motivado e potencialmente desenvolvido.

Para mim, um gestor com esse tipo de argumento (de que não é possível motivar ou que o colaborador não irá mudar para melhorar a sua potencialidade) demostra a mesma atitude de um *coach* que joga a toalha antes de iniciar a partida, desistindo da equipe sem conhecer ou, se quer, testar o verdadeiro potencial desta equipe! Posturas como essa não levam a resultados "extra-ordinários".

---

11 MAXIMIANO, Antonio Cesar Amaru. **Introdução à administração.** São Paulo: Atlas, 2019, p. 347.

1.2. Ter Conhecimento e Habilidades não Significa Fazer Acontecer

High Performance é fazer com que líderes, executivos e colaboradores consigam revolucionar os resultados das empresas em que trabalham fazendo mais, melhor, mais rápido e com menos custo operacional. Percebemos que isso é possível, tangível e impactante em um prazo máximo de 90 dias.

É isso mesmo! Parece inacreditável quando falamos que o tempo de transformação, a partir de um treinamento, possa ser um período tão curto. Porém, a meu ver, três meses são suficientes para que as pessoas possam promover mudanças significativas em termos de ações e resultados.

Assim, para que você comece a entender como tudo isso funciona, passemos a fazer um exercício básico, vai tomar bem pouco do seu tempo, mas, lhe afirmo, será recompensador: pense em um profissional acima da média, um *High Performance* – pode ser alguém da sua empresa, uma pessoa pública ou alguém que seja reconhecido pelo seu trabalho e se destaque entre os demais profissionais. Essa pessoa pode estar viva ou, já ter falecido deixando algum legado. Pode ser um atleta ou um artista, tanto faz, você é quem escolhe.

Depois de pensar na pessoa, faça uma lista das características que a ajudaram ou a ajudam a ser o que é. Pense em pelo menos três qualidades. Com a lista concluída, você deve a classificar colocando uma letra ao lado de cada característica escrita, de acordo com as três áreas daquilo que, muitas pessoas, chamam de "Tríade da Alta Performance". Você já deve estar cansado de saber isso, porém, é um exercício importante para entender o foco da nossa metodologia.

Tríade da alta performance? Sim, vamos lá: conhecimento/ habilidade/ atitude, assim mesmo, juntos e, em um único processo, de forma a permitir o alcance das mudanças e da performance esperada. 1. Conhecimento (C): ato ou efeito de conhecer; notícia; informação; instrução e estudo; 2. Habilidade (H): aptidão para algo; destreza; astúcia; adquirido por meio de treinamento e 3. Atitude (A): modo de proceder ou agir; maneira; comportamento e procedimento.

Você é quem deve julgar qual característica levará ao lado a letra C, H ou A. Por exemplo, João listou: 1. Determinação; 2. falar bem em público; 3. Iniciativa; 4. pensar rápido em situações de risco; 5. poder de convencimento e 6. conhecimento de mercado. Nesse caso, João julgou as características citadas como se observa na figura 1:

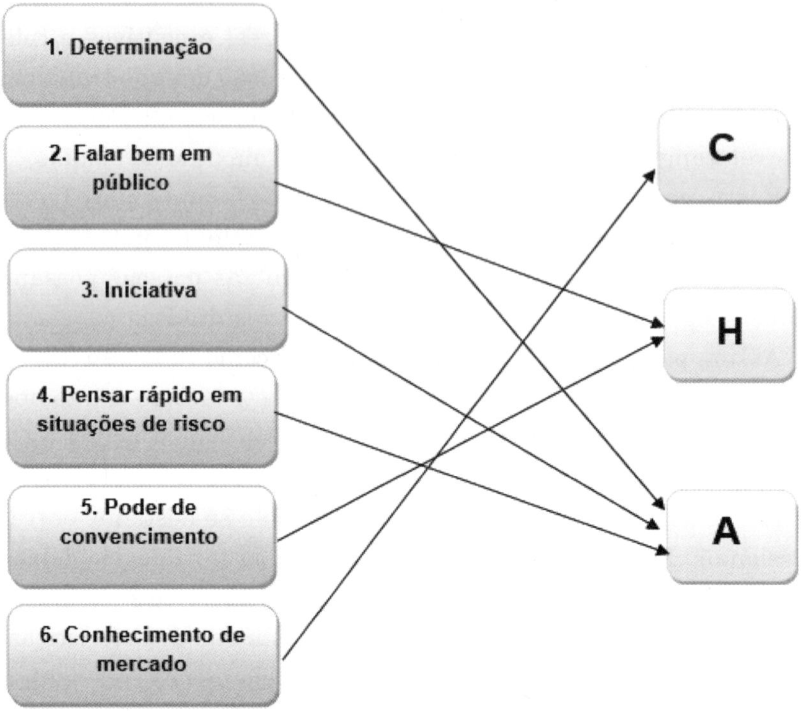

Figura 1 – Julgamento das características (Conhecimento-Habilidade-Atitude)

Como podemos perceber, o indivíduo que possui essas características, recebendo toda a admiração do nosso amigo João, concentra 50% de suas qualidades marcadas com a letra A, que representa atitude; com 33,3% podemos visualizar a letra H, que simboliza a habilidade e, por último, com 16,7% percebemos uma característica listada como correspondente ao campo C da Tríade, que é a área do conhecimento.

Posso garantir que tanto sua planilha, quanto as dos demais leitores desse livro, mostrarão, como resultado desse exercício, algo parecido com o exemplo do João, ou seja, a Atitude é o campo com maior quantidade de características percebidas. O Conhecimento vem por último no grau de importância das pesquisas que elegem profissionais bem-sucedidos, capazes de gerar diferencial de efetividade para o negócio em que atuam.

Muitas pessoas costumam me perguntar: "Mas André, então, quer dizer que conhecimento não serve para nada?" Lógico que serve, e muito! Porém, no dia a dia, quando a meta precisa ser batida, quando o pitbull está correndo em direção ao seu filho, é a atitude que você vai tomar que realmente vai interferir no resultado daquela situação. A atitude é sempre decisiva enquanto o conhecimento e a habilidade são aptidões que serão úteis quando você se mover para a tomada dessa atitude. No entanto, esteja certo de que se você não se mexer, ou seja, não tiver atitude, nem seu conhecimento e nem suas habilidades serão utilizadas, simples assim. A falta de atitude faz toda a diferença para sermos 100% efetivos.

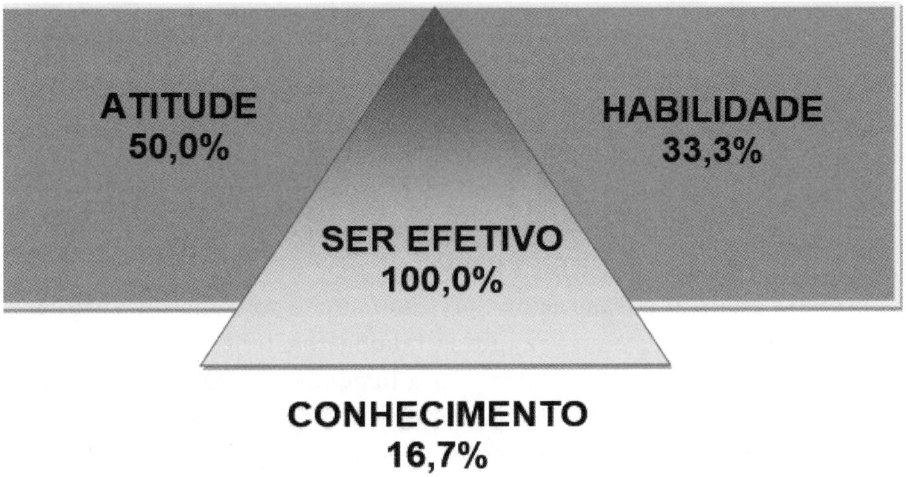

Figura 2 - Conhecimento-Habilidade-Atitude=Ser Efetivo

Nesse sentido, para sermos efetivos, o primeiro passo que precisa ser dado, dentro do programa, para que você e seus colaboradores possam se tornar *High Performances* é mudar o ângulo de visão.

Estou falando de uma quebra de paradigmas que precisa acontecer para que as pessoas percebam que o conhecimento sozinho não leva ninguém a chegar na excelência profissional. Conhecimento sem atitude, ou, sem habilidade, é apenas um conjunto de informações ou ideias, que podem ser excelentes, mas, se não forem colocadas em prática, não terão resultado algum.

Na verdade, temos muito mais conhecimentos e habilidades do que utilizamos ou manifestamos em nosso dia a dia e, isto significa dizer que, existe em nosso cotidiano, atualmente, uma sobra destes recursos não sendo utilizados.

Não é um problema, é apenas um fato! Todavia, a realidade que esse fato expressa pode ser transformada, mas, para isso, é preciso ATITUDE e HABILIDADE para assim utilizarmos de forma efetiva o CONHECIMENTO.

Para despertar para essa realidade, é necessário se pensar dessa forma. Mas, vamos lá: acredito que todos nós nascemos com as mesmas características em nosso DNA, portanto, todo ser humano tem capacidade para promover mais, para executar melhor e para adotar novas ATITUDES. No entanto, o que acontece na prática, é que muitas pessoas deixam esse potencial atrofiar, ou seja, não fazem uso dele, não praticam, não treinam e acabam por acreditar que são indivíduos sem ou com pouca atitude.

Ainda dentro dessa temática, existem algumas expressões curiosas, muito repetidas por aí, que dizem: "Fulano não tem atitude" ou, então, "ele não sai da zona de conforto". É provável que você já tenha ouvido algo assim, ou até já tenha se referido a alguém dessa forma. Todavia, você precisa compreender que isso são crenças que paralisam as pessoas e, muitas vezes, não são reais, mas possuem uma carga negativa que tem potencial sobre a pessoa. Por isso, ATITUDE é a chave do SER EFETIVO.

Para analisar a frase acima, precisamos chegar num consenso sobre o que é "zona de conforto", uma vez que já falamos bastante sobre atitude. Muitas pessoas acreditam que esse termo está ligado ao receio de tudo o que é novo, desconhecido ou desafiador. No entanto, com o simples relato de uma situação hipotética, desmistificarei essa teoria. Vamos supor que João chega em casa, deita-se na cama e liga a TV. Sua esposa entra no quarto e, lhe pede que retire alguns cobertores no maleiro do guarda-roupa. Nesse momento, João não se motiva para ajudar sua mulher. Ele está na sua "Zona de Conforto".

Para João, "pegar os cobertores no alto do guarda-roupa" representam algo incomodo, desagradável, chato e irrelevante, não que seja algo novo, desconhecido ou desafiador, mas é simplesmente desconfortável (fora da zona de conforto). Acredito que você deva concordar comigo. Diante desse exemplo, podemos concluir que sair da zona de conforto é fazer algo que não estamos motivados, nem dispostos a fazer em determinado momento, só isso!

Se a esposa do João lhe propusesse que fossem juntos a um "barzinho" assistir a um jogo de futebol na TV e tomar umas cervejas, é provável que ele levantasse na mesma hora, animado e motivado. Repare que esse convite para ir ao barzinho é algo novo e desconhecido. No entanto, ele se mostra motivado. Isso ocorre porque isso lhe parece algo bom, algo que lhe dará prazer.

Faço um novo questionamento: Será que João sairia de sua zona de conforto ao deixar a segurança do seu quarto para ir a um lugar novo? A resposta é não! Ele continua se sentindo confortável em seu interior, porque está motivado a fazer aquilo.

A essa altura, você já deve estar se perguntando aonde eu quero chegar com tudo isso. Minha conclusão é simples: as pessoas não precisam sair de suas zonas de conforto para ter um melhor desempenho pessoal ou profissional. Pelo contrário, elas devem estar confortáveis para encontrarem motivação e prazer em realizar as coisas.

Por isso, se você é um líder, não lute para tirar o seu colaborador da zona de conforto dele. Faça com que ele se empolgue com as coisas, sejam elas novas ou não. Crie cenários e situações de forma a conduzir sua equipe na direção dos objetivos que precisam ser alcançados e que eles vejam ou sintam isso como confortável, por serem empolgantes. Aqui é preciso compreender a frase de Cortella[12]: "Há uma diferença entre dever e motivação. [...]". Faça com que seu colaborador não tenha atitudes somente por dever, mas, sim por estar motivado a fazer.

A minha recomendação para os executivos, nos treinamentos que promovo, é não perder tempo e energia combatendo os pensamentos das pessoas, nem tampouco, ficar repetindo que elas precisam sair da zona de conforto. Faça diferente: desenvolva a sua equipe, mas se preocupe em gerar ações que quebrem a concepção do desconforto, ensinando o seu liderado a gostar de fazer e ser bom naquilo ou, ser bom naquilo e, consequentemente, passar a gostar de fazer.

Nesse instante, é muito importante que possam conhecer o poderoso depoimento de uma gestora:

> Quando iniciei o treinamento, estava totalmente perdida profissionalmente, não sabia por onde começar a organizar e melhorar o meu desempenho e dos meus funcionários para trazer resultados. O treinamento superou as minhas expectativas, pois, além de buscar conhecimento, percebi que eu sou capaz de fazer, e me ensinaram como fazer (CRISTIANE OLIVEIRA DE MORAIS GALVÃO – DIRETORA OPERACIONAL DA MINAS CARD).

Nossa cliente, Cristiane Galvão, traz em seu depoimento exatamente o

---

12 CORTELLA, Mario Sergio. **Por que fazemos o que fazemos?:** aflições vitais sobre trabalho, carreira e realização. 1. ed. São Paulo: Planeta, 2016, p. 26.

que estou explicando no cerne desse capítulo: é possível ter resultados melhorando o desempenho de todos da equipe!!!

Bom, existe uma fórmula e você vai descobrir como ela funciona no próximo capítulo!

CEO DA CORY

"Aprendi também, que as pessoas não morrem por dinheiro,
mas dão a vida por uma causa."
Nelson do Nascimento Castro

DADOS BIOGRÁFICOS

Nelson do Nascimento Castro nasceu em 16 de fevereiro de 1944, na Cidade de Lins, interior do Estado de São Paulo, filho de José Maria do Nascimento e de Maria de Carmem Castro. Teve três irmãos: Maria de Lourdes, Antonio e Vrademir, seus sócios no empreendimento. Infelizmente, todos já falecidos.

Casado há 52 anos com Cleusa Walda Watanabe do Nascimento, a quem carinhosamente chama de Waldinha. Tiveram quatro filhos: Patrícia (*in memoriam*), Luciana, Wagner e Renata. Possuem sete netos, que são a alegria de toda a família: Felipe, Sofia, Nicole, Yasmin, Olivia, Pedro e Rafael.

TRAJETÓRIA PROFISSIONAL

Comecei minha trajetória profissional ainda em tenra idade, quando aos 10 anos trabalhei como *office-boy* no Laticínios Linense. Aos 12 anos passei a trabalhar na Fábrica de Máquinas Colômbia e após dois anos ingressei nas Lojas Arapuã, a maior rede de eletro eletrônicos da época. Nas Lojas Arapuã permaneci por um longo período (10 anos), sendo essa organização o palco de minha formação profissional, pois desempenhei atividades nas mais diversas áreas da empresa como: contabilidade, vendas, compras, propaganda e marketing.

Aos 24 anos já colhia os frutos de meu trabalho atuando como gerente de departamento, estava a um passo de me tornar diretor da empresa. Na verdade, faltava apenas o passo final para um futuro brilhante, com a oportunidade chegando quando a sede da Arapuã se mudou para São Paulo.

Em pleno "milagre econômico", muito embora as nuances negativas que foram impostas ao Brasil, no período da Ditatura Militar, certamente, seria um privilégio chegar a São Paulo com um cargo importante, numa empresa promissora.

Com essa bela oportunidade se descortinando em minha vida, parecia certa a minha ida para São Paulo, mas, naquele momento de minha história, decidi trabalhar o meu lado empreendedor e, dessa forma, não fui para São Paulo e foi nesse momento que meus amigos pensaram que estava maluco. Na verdade, eu me encorajava para realizar meus sonhos.

A veia de empreendedor e o grande desejo de ter o meu próprio negócio falaram mais alto em minha mente e no meu coração. Assim, em um ato extremamente pensado, porém insano para muitos, pedi demissão e sai em busca de construir o meu próprio caminho e realizar meu sonho.

Prospectei muitos negócios e sempre esbarrava no mesmo problema: falta de capital. Mas, empreendedor que se preza não desiste diante dos obstáculos, ao contrário, cada dificuldade parece ser apenas mais uma motivação para lutar pelo seu desejo e sua concretização.

Até que, em um dia que me parecia comum, percebi algo que me inconformava e passou a me entusiasmar, acendendo uma luz interna e motivando a iniciar uma nova jornada.

A Padaria Esmeralda, localizada a 50 metros da casa dos meus pais, era um sucesso no bairro. Por razões que desconhecia, veio a fechar suas portas. Uma década já havia passado desse ocorrido e, até aquele momento, nenhuma outra empresa havia iniciado nova atividade ou tomado o seu lugar de destaque. O ponto comercial estava abandonado, mas com um histórico de sucesso.

Hora de pesquisar, conversar, entender os clientes potenciais. Era clara a oportunidade. O negócio parecia lucrativo, mas exigiria muito trabalho e um conhecimento do segmento que eu não possuía, no entanto, esse fato não poderia impedir o meu empreendimento.

Assim, em março de 1968, a nova padaria abre as portas, mas com um novo nome – Panificadora Bengala. Prédio reformado, novos móveis, logomarca, um luxo para as padarias do interior, só faltava um "detalhe" para que o negócio ficasse completo: o forno.

Infelizmente o antigo forno da Padaria Esmeralda havia sido demolido e, eu tinha consciência que não poderia abrir minha padaria sem forno, por isso, iniciei um processo de pensar "onde" e "como" eu poderia conseguir o dinheiro que me permitisse comprar o tão necessário e caro forno.

Mesmo vendendo meu carro, uma perua Vemaguet vermelha, ano 1967, não consegui comprar o forno. A solução parecia simples: comprar pão do meu concorrente e vender na minha padaria. Na época a palavra "terceirização" praticamente não existia e eu já terceirizava o *core business* do meu negócio. Hoje percebo que foi certamente uma forma de avaliar na prática o potencial do novo negócio.

A padaria foi um sucesso desde o primeiro consumidor, que se tornou um cliente fiel, e logo o empreendimento se transformou numa pequena fábrica de biscoitos com uma nova denominação social, que permanece até hoje: Indústria de Produtos Alimentícios Cory Ltda.

A Cory também foi uma empresa de muito sucesso. Começou fabricando biscoitos e, no ano de 1974, ocorre seu primeiro grande salto: a compra de uma pequena Fábrica de Balas em Ribeirão Preto–SP, as Balas Apache. Em 1977, foi construída uma nova fábrica em Ribeirão Preto, que fomentou nossas operações produtivas. Em 1992, compramos uma rede de lojas de varejo, a GG Presentes, com 16 lojas distribuídas entre a Capital de São Paulo e o interior. Mais tarde, em 2002, separamos as operações e inauguramos em Arceburgo-MG, a mais moderna fábrica de balas da América Latina.

Nesses 52 anos de existência, nossa história conta as lutas e vitórias que foram alcançadas, desse modo, criamos marcas, que se tornaram famosas em diferentes gerações como: Hipopó, Icekiss, Lilith, Quero Quero e Dimel. Distribuímos em todo território nacional e exportamos para mais de quarenta países.

Com muito orgulho, criamos na fábrica de Arceburgo um projeto de responsabilidade social: o Instituto Cory de Educação e Cultura (ICEC), com uma escola para quase 200 crianças, sendo metade das vagas para a população da cidade e metade para os filhos de funcionários. Trata-se de uma escola construtivista, totalmente mantida pela Cory, com o objetivo de proporcionar para as crianças uma educação diferenciada e de alto nível, como diria Paulo Freire, uma "educação libertadora".

As batalhas eram muitas, no entanto, as vitórias se acumulavam. Porém, como nem tudo é só alegria, vivemos momentos de muitas turbulências nos anos de 2004 e 2005. Pedimos Concordata e doze dias após o vencimento da primeira parcela, em uma decisão completamente equivocada, o Poder Judiciário decretou nossa falência. Ficamos com as duas fábricas totalmente fechadas durante quatro meses, o sonho se distanciava a cada dia, perdemos quase tudo: muito dinheiro, crédito, tivemos nossas marcas clonadas, perdemos os espaços nas gôndolas dos supermercados e, também, perdemos a maior parte da nossa Equipe, só que não perdemos a fé e a esperança.

Depois de uma longa batalha judicial, foi revogada a decisão de falência e a Cory migrou para a então recém aprovada nova Lei de Falências e Recuperação Judicial. Parecia uma luz no final do túnel, mas, consultores e amigos diziam com todas as letras: "desista Nelson - é impossível reverter essa situação". Toda essa saga está documentada no livro: O VOO DO HIPOPÓTAMO (2006).

Hoje posso dizer que foram períodos difíceis, com caminhos tortuosos, todavia, a força para continuar ainda resistia bravamente, era minha verve empreendedora falando mais alto.

Foi com elas (fé e esperança), que a Cory começou seu processo de recuperação. Assim, depois de muitos problemas e uma luta que parecia impossível de vencer, a Cory deu a volta por cima.

Posso afirmar, com certeza, que as dores e os dissabores vivenciados não podem ser compartilhados em poucas páginas. Por outro lado, posso dizer que a experiência de recomeçar e vencer, certamente é sinônimo de conquista, é sinônimo da Cory.

De todos os acontecimentos, o maior aprendizado foi a consciência de que foram as pessoas as grandes responsáveis por nossa virada. Não foi o dinheiro, não foi a tecnologia, não foram os equipamentos, não foram os produtos, foram os SERES HUMANOS que fizeram a diferença e tornaram a queda mais um degrau para a vitória. Todas as pessoas do nosso holograma: fornecedores, clientes, comunidade e colaboradores foram essenciais para as conquistas. Porém, vou me concentrar naquele que foi o pilar fundamental dessa importante vitória: NOSSA EQUIPE!

O que EU APRENDI com essa experiência?

INTEGRIDADE

Que Integridade é o maior dos nossos valores, tanto pessoais quanto profissionais. Foi sempre com muita Integridade que construímos uma relação de confiança com nossos fornecedores, clientes e, especialmente, com nossos colaboradores. E, por isso, afirmo que certamente a integridade foi o mais forte e mais imperioso pilar da nossa volta.

DOU A VIDA POR UMA CAUSA

Aprendi também que as pessoas não morrem por dinheiro, mas dão a vida por uma causa. Nossa Equipe tinha uma causa muito forte pela frente e com dedicação e respeito à nossa luta vencemos cada uma das batalhas. Provar que era possível sair do fundo do poço foi nossa causa principal.

Começamos uma longa caminhada, superando um a um, o enorme volume de obstáculos, desde a falta de dinheiro e de crédito até os problemas mais simples, como, por exemplo, a falta de tempo e de braços para cortar a grama dos jardins. Hoje, sabemos que o propósito é a grande chama que inspira os colaboradores.

COMPROMETIMENTO

Característica fundamental num time vencedor é o fato de que todas as pessoas necessitam "vestir a camisa" da equipe com responsabilidade, dedicação e cooperação, constituindo esses os pontos mais relevantes de um colaborador comprometido.

É claro que o comprometimento é um instrumento capaz de elevar a equipe a um nível de força e vitórias que pensamos ser impossível. Todavia, aqui vai um grande alerta: só Comprometimento não basta, aliás, somente ele representa um grave risco para a empresa, pois tem o potencial de provocar um excessivo paternalismo, dando origem a muita tolerância com maus resultados. Formar uma Equipe com alto comprometimento e baixa competência é a fórmula que geralmente leva muitas empresas ao fracasso do que ao sucesso.

COMPETÊNCIA

A competência é essencial para se obter bons resultados. Porém, o desenvolvimento das competências não é somente responsabilidade da empresa, cada colaborador deve fazer a sua parte, buscando conhecimento, desenvolvendo suas habilidades e competências.

Hoje, a Internet democratizou o acesso ao conhecimento, mas somente a disponibilidade de informação não significa competência. Não dependemos exclusivamente de boas escolas, mas dependemos do desejo de ser cada dia melhores como pessoas e como profissionais.

EXCELÊNCIA

Costumo dizer para nossa Equipe que a junção do Comprometimento com Competência, origina a Excelência. Essa é a grande busca de todos os bons líderes. Formar uma Equipe de Excelência, uma Equipe de Alta Performance, uma Equipe que entrega resultados.

O TRIÂNGULO DA COMPETÊNCIA

A experiência nos mostrou que o desenvolvimento da competência passa por três pilares fundamentais: o primeiro deles e um dos mais importantes é a Participação. Colaboradores precisam participar do processo decisório, pois a solução não pode vir pronta de cima para baixo. Certamente, quando a Equipe participa efetivamente do processo, ela se compromete e tem origem o segundo pilar, o comprometimento, isto porque consideramos que a Participação gera o Comprometimento. Ambas (Participação e Comprometimento) geram a terceira grande variável, fundamental para o desenvolvimento das empresas, que é a Criatividade. Sem criatividade uma empresa não gera os diferenciais essenciais para sua competitividade no mercado.

A grande barreira da criatividade é o medo, assim, ao eliminar o medo de sua empresa, gera-se uma Equipe criativa e competitiva. Permita que as pessoas errem, pois, a verdade é que "aprendemos mais com os erros que com os acertos".

Reafirmo, com ênfase, a veracidade dos fatos escritos por nossa história: foram as pessoas, os grandes responsáveis por nossa virada. Não foi dinheiro, não foi a tecnologia, não foram os equipamentos, não foram os produtos.

Acredite no potencial da sua Equipe e, ainda mais, invista nela. Selecione criteriosamente, identifique os talentos, invista neles, crie oportunidades, só assim você conseguirá retê-los.

RECONHECIMENTO E OPORTUNIDADES DE CRESCIMENTO

Essas são as variáveis que os colaboradores mais procuram. Faça disso uma obsessão e você terá uma Equipe altamente motivada, comprometida e competente.

Reconhecimento e oportunidade de crescimento fortalecem as relações no ambiente de trabalho, geram comprometimento, dedicação e coragem para quebrar paradigmas e reescrever a história de qualquer empresa.

O MEU GRANDE GURU

Eu considero como meu grande guru Roberto Adami Tranjam, economista, administrador de empresas, consultor e educador empresarial. Autor de vários livros, dentre eles: METANÓIA (2018) – que significa mudança de modelo mental.

Tenho o privilégio de conhecer e conviver com o Roberto há mais de 20 anos. E nessas duas décadas de convívio observei diversas características positivas nele, dentre as quais considero o fato de que, literalmente, "Ele tem uma cabeça privilegiada". Conhece pessoas como ninguém, bem como, atua magistralmente como um formador de grandes líderes.

Ele foi decisivo na minha formação, na formação da cultura da Cory e, especialmente, em todas as vitórias que nos permitiram sair de um quadro negativo e conquistar nossa recuperação.

É dele a frase: "*O Voo do Hipopótamo* é a história de um milagre, e os milagres acontecem quando o amor supera o medo".

Para você Roberto, minha gratidão!

E AÍ CHEGA O CORONAVÍRUS

Não poderia terminar esse capítulo sem fazer uma referência ao momento que estamos vivendo com a chegada do Coronavírus. Até a data de hoje, dizia com orgulho que era especialista em crises, afinal, desde o início de minha carreira profissional, vivi uma sequência enorme de crises no mundo e, especialmente, no Brasil, a começar pela Revolução de 1964.

Confesso, com humildade, que estava completamente errado. Nunca vi, e acho que o mundo nunca viu, nada parecido: uma crise de saúde global, que gera medo e pânico nas populações, que se alastra com muita facilidade e que por consequência gerou uma crise econômica sem precedentes.

Como uma parcela grande de empresários e executivos, e por estar no grupo de risco, estou totalmente confinado, trabalhando em *home office*. Uma nova experiência e um novo aprendizado, geradores de um turbilhão de emoções e sentimentos que afetam nossas vidas no campo pessoal e profissional.

Nesta oportunidade, não vou tecer nenhum comentário a respeito do problema da saúde, que deveria ser de competência dos especialistas dessa matéria e virou uma bandeira política. O que vou fazer é, rapidamente, abordar como a crise nos atingiu e como estamos reagindo.

Negar o fato de que a crise está impactando as empresas e os negócios de maneira muito diferente é negar o óbvio. Uns de forma mais aguda e devastadora, outros de forma mais amena, ainda existem as empresas que estão se beneficiando da crise. Na verdade, considero que nesse momento podemos compreender que "cada caso é um caso".

A Cory possui duas fábricas de biscoitos em Ribeirão Preto–SP responsável por 25% do nosso faturamento e a outra uma fábrica de Balas e Drops, em Arceburgo-MG, responsável por 75% do nosso faturamento, posso dizer que essa segunda unidade seja nosso "carro-chefe" de produção.

Elas foram atingidas de forma completamente diferente. Enquanto a unidade fabril de Ribeirão Preto foi pouco impactada, porque biscoito é alimento, a unidade de Minas Gerais parou completamente, basicamente por conta do recesso escolar, afinal, as crianças e os adolescentes são os nossos principais consumidores. Dessa forma, estamos sentindo essa crise, como a maioria dos empresários em todo o mundo.

Na última dezena do mês de março, os impactos já se fizeram sentir e ficamos 30% abaixo das nossas metas. Em abril, o quadro se agravou, tivemos uma queda geral de 70%. O que se descortina sob nosso "olhar empreendedor" é um futuro totalmente nebuloso.

NOVAMENTE, TEMOS CERTEZA DE QUE SERÃO AS PESSOAS QUE NOS PERTIMIRÃO A TRAVESSIA

Novamente, temos certeza que serão as pessoas que nos farão fazer a travessia, pois temos uma Equipe com alto comprometimento, muita competência e criatividade, por isso, considero que, novamente, a diferença entre cair e permanecer parado e nos levantarmos para novas conquistas está, certamente, nas pessoas que formam nossa Equipe, que elevam o nosso Grupo, que nos possibilitaram chegar até aqui, com pequenas e grandes conquistas originadas das pequenas e grandes batalhas impostas pelo mercado e, agora, por essa temerosa pandemia.

MARÇO: PRIMEIRAS PROVIDÊNCIAS EMERGENCIAIS

Diálogo e transparência total com a Equipe inteira foi e será sempre a nossa opção para vencermos os problemas cotidianos de nossas empresas. Muitas e ótimas sugestões, abrindo o caminho para a participação e o comprometimento.

Desde todas medidas higiênicas: lavar as mãos, distanciamento social, uso de máscaras, dispensa dos colaboradores de risco (gestantes e idosos), orientação sobre os novos protocolos e todas as ações e reações que se alicerçam na guerra contra a pandemia e na luta pela sobrevivência de cada colaborador e das empresas.

CRIAMOS O COMITÊ DE CRISE

Assim, criamos o comitê de crise em que toda a Diretoria se reúne diariamente para discutir os cenários e as ações e, como consequência, tudo alinhado.

Paralisamos totalmente a produção da Cory em Minas Gerais. Ficamos por seis semanas parados. Antecipamos e concedemos férias coletivas. Forte redução de custos fixos para baixar o ponto de equilíbrio, renegociação de contratos e, ainda, optamos pelo não pagamento de impostos para preservação de um caixa mínimo. Trabalho em *home office* para todas atividades possíveis, Equipe Comercial atendendo por *WhatsApp*, e-mail, telefone, enfim, passamos a utilizar as Tecnologias Digitais de Informação e Comunicação (TDICs).

CONTATO COM NOSSOS PRINCIPAIS CLIENTES

Estabelecemos um contato muito próximo com todos nossos principais clientes, para saber a situação de cada um, como poderíamos ajudá-los, conhecer os diferentes impactos por mercados, para que possamos pensarmos e agirmos juntos em benefício do fortalecimento de todos em prol do bem comum.

Fizemos *LIVES* e assistimos muitas *LIVES*. Contamos histórias e escutamos muitas histórias.

COMUNICAÇÃO ABERTA E TRANSPARENTE COM TODO NOSSO HOLOGRAMA

Colaboradores, fornecedores, clientes, prestadores de serviço e bancos, ou seja, todas as peças que se enquadram no quebra-cabeça que é nossa empresa vêm sendo ouvidas e analisadas e, desse modo, foi possível observar que tudo fluiu muito bem.

ESTABELECEMOS UMA META OUSADA

Nossa meta ousada é: viabilizar a empresa com 50% do volume sem demissões. Felizmente, o quadro já se demonstra positivo e já estamos acima da nova meta. Abandonamos o planejamento anterior, afinal, não adianta ficar olhando e chorando o lado vazio do copo é preciso emergir e lutar.

A META PREVÊ RECUPERAR O VOLUME, AOS POUCOS DE MAIO A OUTUBRO DE 2020

Mês a mês, passo a passo, entramos em uma grande batalha mundial contra a crise da saúde e a crise econômica e vamos sair com a vitória para o bem de todos e a continuidade de nossas vidas.

Criamos três métricas para acompanhamento de todo o time. A BANDEIRA VERMELHA, o pior cenário, a BANDEIRA AMARELA, o cenário intermediário e a BANDEIRA VERDE, o cenário ideal.

CRIAMOS O COMITÊ DE OPORTUNIDADES

Em maio já conseguimos criar o Comitê de Oportunidades, para buscar as novas oportunidades que o novo cenário nos traz.

Como muitos conhecem, a palavra crise, em chinês é representada pelos ideogramas: risco e oportunidade. Nosso desafio era buscar as oportunidades que essa crise nos trouxe. Afinal, como uma fênix, já ressurgimos das cinzas e, certamente, voaremos ainda mais alto após esse novo período vivenciado.

Assim, com a forte participação da Equipe, demonstrando imensa vontade em contribuir. Quase 20 novos projetos já estão em andamento.

FECHAMOS O MÊS DE MAIO COM A BANDEIRA VERDE

A Equipe conseguiu resultados extraordinários, num mercado quase totalmente paralisado. Isso é o que eu chamo de Equipe de Alta Performance. Equipe que "veio, viu e venceu" com muita participação, comprometimento, competência e criatividade.

NÃO TEMOS CLAREZA DO FUTURO

Muita coisa mudará no cotidiano de nossas vidas. Novos hábitos surgirão. Novas competências serão exigidas. Novas batalhas serão vencidas.

Parece existir consenso de que não serão os mais fortes que terão mais sucesso e sim aqueles com maior capacidade de adaptação e velocidade nas implementações. Por isso, temos confiança e fé que faremos a travessia com sucesso e sairemos ainda mais fortes.

CAPÍTULO 2
A FÓRMULA PARA HIGH PERFORMANCE

"Pessoalmente estou aprendendo a lidar comigo como um grande preparo para ser um líder coach. Os métodos mostram que todos nós podemos obter a alta performance".
Alex Marques de Souza – Gerente da Empresa Villars Metals

A Fórmula *High Performance* consiste na combinação de quatro elementos, capazes de promover um estado de mudança positiva nas pessoas, levando-as à conquista de resultados extraordinários.

Como podemos perceber, a matemática parece simples, como apresentado no demonstrativo da figura 3:

Figura 3 - Soma das variáveis que geram a potência

Isso mesmo caro leitor, a soma de potência, foco, disciplina e engajamento é igual a resultados extraordinários, essa matemática simples, pode ser utilizada de forma ampla e com excelência de resultados em suas atividades e/ou em sua empresa.

Se essas quatro palavrinhas lhe soam familiares e, se você achar que já sabe do que estou falando, lhe garanto que o significado de cada uma delas vai muito além do que se imagina. Vamos ver?

2.1. Potência

Vamos começar pelo conceito de potência. É preciso entender que, dentro dessa fórmula, a potência simboliza o nível de energia que as pessoas têm para "partir pra ação" e para colocar suas competências para atuarem ou, também, o quanto as pessoas tem de recursos/competências (atitudes, habilidades e conhecimentos) disponíveis dentro de si mesmas para utilizar.

Já comentamos sobre a potência, sei que já citei o autor norte-americano John Whitmore, mas, não posso deixar de reiterar que ele é um grande pesquisador na área de liderança e coaching para performance e, segundo seus estudos a maioria das pessoas manifesta, em média, apenas 40% do seu potencial no ambiente de trabalho.

Assim, tendo como base esses dados levantados por Whitmore, nós da Empresa Netprofit, chegamos à conclusão de que existem três tipos de situações que impulsionam as pessoas a elevarem o seu potencial partindo para a ação com mais energia.

A primeira dessas situações tem a ver com o prazer. Quando você está fazendo algo que gosta, provavelmente isso será executado com mais intensidade do que de costume. Seu nível de desempenho, possivelmente, estará bem maior do que a média habitual. Feche os olhos, se imagine praticando algo que lhe dá prazer e entenderá o que digo: você sentirá que sua dedicação, energia e empenho tendem a aumentar e o seu potencial tenderá a ser manifestado em maior quantidade.

Neste momento, entro no entendimento de Robbins[13] que cita que desenvolver o potencial de alguém é, verdadeiramente, dar: "o impulso de alguém tornar-se o que é capaz de tornar-se".

A segunda situação em que elevamos o nível do nosso potencial é quando vivenciamos um momento de risco ou passamos por um estresse. Estar sobre pressão também é um bom exemplo nesses casos. Entenda: quando você está na mira de um revólver e tem a chance de escapar, a sua potência atinge 100% de energia e você corre sem parar. É como se o instinto de sobrevivência ativasse um alarme dentro da gente. De forma resumida, podemos dizer que situações emergenciais levam as pessoas a atingirem picos de uso do seu potencial que, numa condição estável e segura, elas jamais alcançariam.

Em terceiro lugar, Whitmore listou uma situação interessante que também ativa um alto uso de potencial nas pessoas: quando elas se dão conta de serem capazes de fazer muito mais do que estão fazendo.

Nos treinamentos que ministro, simulamos várias dessas situações, de maneira que os participantes "sintam na pele", ou "vejam com seus próprios olhos", o nível extraordinário de potência de ação que eles possuem e não estão utilizando. São vivências muito intensas, impactantes e que acabam por modificar o pensamento das pessoas sobre elas mesmas e, sobre os resultados que estão tendo em suas empresas e corporações.

Esses treinamentos acabam por despertar o autoconhecimento de cada

---

13 ROBBINS, Stephen P. **Comportamento organizacional.** 14. ed. São Paulo: Pearson, 2011, p. 110.

colaborador e, de acordo com Peres[14]: "O processo do autoconhecimento ocorre quando nos damos à oportunidade de abrir nossas mentes para o conhecimento, de quebrar os paradigmas estabelecidos no decorrer da vida e que ficam armazenados na nossa mente. [...]".

2.2. Foco

Muitas pessoas confundem foco com metas, objetivos, prioridades, caminhos e locais para colocar a energia, dentre outros conceitos, que não compreendem o foco como efetivamente deve ser. No entanto, dentro dessa fórmula que estamos estudando, foco tem a ver com NITIDEZ.

Quando ajustamos a lente de uma câmera fotográfica, o que estamos fazendo, de fato, é ajustando o FOCO, ou seja, estamos buscando mais Nitidez! Portanto, focar é enxergar com nitidez, ou seja, PERCEBER OS DETALHES.

Geralmente, os executivos não percebem os detalhes, as sutilezas de suas responsabilidades, das suas atividades, do porque elas foram criadas e o quanto estão, de fato, sendo ou não efetivas. Porém, são esses detalhes que podem fazer toda a diferença nos resultados de altos executivos.

2.3. Disciplina

A disciplina é uma qualidade fundamental para qualquer pessoa que deseja realizar algo. Costumo dizer que existe uma grande diferença entre dar alguns passos para que uma ação seja praticada e se empenhar, disciplinadamente, a fim de que aquilo realmente aconteça.

Se você deixar para se dedicar a algo que deseja somente quando estiver inspirado, quando sobrar um tempo livre ou algo do tipo... nada vai para frente! Como bem dizia Pablo Picasso: "Inspiração existe, mas ela precisa te encontrar trabalhando".

Existem pessoas que fazem de tudo para se disciplinar, criam uma rotina de horários, listam as tarefas diárias e fixam em cima da mesa de trabalho,

---

14 PERES, Janete. **A importância do autoconhecimento.** Disponível em: <https://www.saude dafamilia.org/clinica/artigos/a_importancia_do_autoconhecimento.pdf>. Acesso em: 10 ago. 2020, p. 1.

estabelecem prazos fictícios, adiantam o ponteiro do relógio em dez minutos, usam aplicativos de celular que servem como lembretes, colam *post-its* no computador e por aí vai. No entanto, concordo plenamente com Oliveira e Silveira[15] quando apontam que disciplina não tem relação apenas com o tempo e o horário, mas, também, com o comprometimento, com os resultados de suas atividades e, no caso da empresa, com desempenho de suas funções.

Será que fazer tudo isso pode funcionar? Bom, costumo dizer que a resposta dependerá dos resultados obtidos. Se algumas dessas ações lhe ajudarem a ter mais disciplina, então, é válido!

2.4. Engajamento

Engajamento é o nível de participação que você dedica a algo ou alguém em determinada situação. Líderes, *coaches* e executivos de alta performance são profissionais que trabalham o desenvolvimento de uma equipe, portanto, devem estar 100% engajados com as pessoas que coordenam.

Vou usar um exemplo da vida real para explicar melhor do que se trata o engajamento. Quando o meu filho ia fazer três anos de idade, a minha esposa me fez prometer que eu ajudaria nos preparativos da festa de aniversário dele. Entramos num acordo em que eu me comprometi a não agendar treinamentos na véspera da festa e nem no dia seguinte a ela. Além disso, recebi uma lista com 40 itens que eu deveria providenciar para o evento.

Conforme o combinado, cumpri todas as tarefas a mim encarregadas e, no dia da festa, o resultado foi incrível, nossa recepção estava perfeita. Os convidados chegavam, elogiavam a decoração, os canapés, o brigadeiro, ou seja, tudo estava correndo dentro do que havíamos planejado.

Eu, muito satisfeito, me dirigi à uma mesinha mais no canto do salão, peguei uma bebida, sentei-me e pensei: "Bom, agora é só relaxar! Dever cumprido!". Minha esposa se aproximou e me perguntou se eu não estava feliz. Eu respondi que sim, claro que estava!

Na minha cabeça, o questionamento dela não fazia sentido algum. Porém, calmamente, ela argumentou: "É que você não está interagindo! Se isolou

15 OLIVEIRA, Maria do Carmo Leite de; SILVEIRA, Sonia Bittencourt. Linguística aplicada das profissões. **Veredas On-Line. PPG Linguística/UFJF.** Juiz de Fora, MG. 16(1):149-165, 2012.

nessa mesa e não se preocupou em conversar com as pessoas, em socializar, aproveitar o momento. Não o vejo brincando com as crianças ou, pelo menos, esboçando um sorriso no rosto". Ainda assim, eu demorei a entender o que ela queria de mim. Afinal, eu havia cumprido a lista de 40 itens com louvor. Foi quando ela me interrompeu e disse: "Eu só queria que você participasse!".

Percebi, naquele momento, que, até então, eu estivera 100% comprometido com o projeto da festa, porém, não estava engajado. Minha esposa me mostrou que a única forma de nos engajarmos com algo é PARTICIPAR daquilo.

E participar requer ações de socialização, envolvimento, interação, comunicabilidade, entre outras coisas. Naquele dia, fui motivado a me engajar no projeto de aniversário do meu filho. Levantei-me da cadeira, puxei assunto com os pais das crianças convidadas, encontrei questões em comum e aprendi muita coisa.

No final da festa, eu já estava com um espírito tão engajado que o meu filho me convocou para ajudá-lo a montar o autorama que ele havia ganhado de presente. Sentei-me no chão e fiquei lá, me divertindo com ele. Brincamos até cansar!

Para concluir, o mais importante é que você perceba que não adianta apenas cumprir tarefas. Precisa haver uma relação de engajamento com as pessoas que fazem parte do seu meio, é essa troca de energia que nos conecta com o desejo de continuar e seguir em frente.

No final desse capítulo, não poderia deixar de trazer as palavras de Alex Marques de Souza – Gerente da Empresa Villars Metals: "Pessoalmente estou aprendendo a lidar comigo como um grande preparo para ser um líder *coach*. Os métodos mostram que todos nós podemos obter a alta performance".

Mas, chega de teoria!

É chegada a hora de começarmos a jogar...

CEO DA DRAKKAR

"A capacidade de transformação é um pré-requisito para a criatividade florescer, ela é a "mãe" da inovação e, certamente, o "pai" é a necessidade".
Alan Acosta

DADOS BIOGRÁFICOS

Alan Acosta, nasceu em 08 de agosto de 1980, na pequena Cidade de Santa Bárbara do Sul, interior do Estado do Rio Grande do Sul. Filho de José Luiz Acosta (ferroviário) e Terezinha de Jesus de Almeida Acosta (professora). É casado e aos 18 anos foi pai pela primeira vez, de uma menina, chamada Júlia Gabriela, 18 anos depois, aos 36, teve seu segundo filho, chamado Pedro Sebastian.

Passou sua infância na mesma cidade onde nasceu, morando em um conjunto habitacional com crianças de classe média baixa. Aos 14 anos, após uma concorrida seleção, ingressou no Colégio Técnico Industrial de Santa Maria (CTISM).

Estudou mecânica industrial integrada a Universidade Federal de Santa Maria. Longe dos seus pais e considerado aluno de baixa renda, conseguiu uma vaga na Moradia Estudantil da própria Universidade e lá permaneceu por 10 anos. Ao ingressar na universidade foi em busca da profissão que sonhava em sua infância. Formou-se na Universidade Federal de Santa Maria, Engenheiro Agrônomo em 2004 em apenas 4 anos e meio e com 1/3 dos créditos de mestrado já concluídos.

Selecionado em primeiro lugar para Mestrado em Ciência do Solo da mesma instituição, aos 24 anos, obteve uma bolsa de Mestrado *Sandwich* da União Europeia para alunos de alto nível da América Latina (Programa ALBAN), realizando parte de seus estudos na *Royal Veterinary and Agricultural University,* Copenhague, Dinamarca. Ao retornar ao Brasil, obteve o direito de transformar seu Mestrado em Doutorado com passagem direta, situação até então inédita nesta instituição, obtendo o título de Doutor em Ciência do Solo em 2009, aos 28 anos. Ainda durante seus estudos de doutorado, em 2006 ajudou a fundar a Drakkar, empresa referência em Agricultura de Precisão no Brasil a qual é o atual CEO e Presidente.

TRAJETÓRIA PROFISSIONAL

Vivenciei muitas lutas e conquistas em minha trajetória profissional. Hoje, aos 40 anos, sou o atual CEO e Presidente da Drakkar Consultoria, empresa líder em Agricultura Precisão no Brasil, fundada quando eu tinha 25 anos. Considero que desempenhar a atividade de *CEO* da empresa é uma grande conquista profissional, tendo a certeza que o empreendimento construiu uma história de sucesso nesses 14 anos e tem ajudado muitas pessoas. Atualmente, a Drakkar possui mais de uma centena de colaboradores, atuando em 7 estados e atendendo 710 clientes que cultivam mais de 2 milhões de hectares de soja e pretendemos dobrar esses números em 3 a 5 anos.

A trajetória profissional que me permitiu ser *CEO* da Drakkar teve início após uma depressão. Em agosto de 2005, tinha retornado ao Brasil após ter concluído meu Mestrado na Europa. Ao chegar encontrei um país atolado em casos de corrupção e os conflitos políticos, típicos de nossa nação, dando origem a um momento difícil para todos os segmentos econômicos.

Era preciso inovar e empreender, a carreira de professor universitário já não me trazia o mesmo estímulo do início. Diariamente, eu observava que essa ocupação não permitiria que eu atingisse meus propósitos pessoais e profissionais e pudesse, então, ser feliz e ter liberdade financeira que eu queria. Hoje, analisando em retrospecto, acredito que esse processo depressivo tenha sido originado pelo desencantamento com a docência juntamente como o peso de iniciar o doutorado, visando uma profissão que já não me interessava mais. Foram os 6 meses mais difíceis que já passei. Mas, com amor, companheirismo e apoio da família e dos amigos, esses tempos nebulosos e de sofrimento foram superados.

Em uma avaliação mais otimista, considero que essa fase difícil tenha sido o "gatilho" para a transformação de minha vida profissional. Assim, deixar a carreira de professor universitário para ser empreendedor foi a grande "virada" profissional e pessoal em minha vida. Me jogar em novos projetos, deixando o serviço público e partindo para o competitivo e instável mercado privado: mais exigente, com ainda mais desafios e riscos era um novo porvir. Uma história que me oferecia liberdade e a possibilidade de muito trabalho, sucesso e talvez dinheiro.

O dinheiro era importante, mas confesso que não era o foco. Que bom, pois foram anos de escassez de recursos, com muito trabalho e pouquíssimo dinheiro, pois reinvestimos tudo o que foi ganhamos nos 12 primeiros anos. Entretanto, estávamos conscientes que a jornada era mais importante que o destino e, especialmente, que durante todo o percurso a ser trilhado eu poderia me reinventar, aprender, conhecer pessoas e fazer o que gostava. Somente essa certeza, já me enchia o coração de felicidade e de força para trilhar a jornada escolhida, além disso, quando pensava no caminho empresarial, acreditava que, no final, eu poderia me divertir e até ganhar um dinheiro que compensaria os riscos.

NOVA OPORTUNIDADE

Em janeiro de 2006, meu irmão, preocupado com a minha tristeza e percebendo meu potencial para empreender, me presenteou com o livro *Pai Rico, Pai Pobre: "leia piá" – ele me disse – "e talvez encontre o que está procurando".* Aquela atitude de irmão ascendeu "a luz no fim do túnel" e mudou a minha vida. Era aquilo o que eu precisava saber.

Aquela era minha oportunidade, o incentivo que faltava. Ele sabia que eu tinha conhecido uma técnica inovadora de mapear a fertilidade das lavouras, com ajuda de satélites e máquinas de precisão, chamada de "Agricultura de Precisão". Eu já era especialista em fertilidade e manejo do solo e poderia aperfeiçoar a técnica e criar um negócio próprio, uma empresa. Mas como? Era muito jovem, sem experiência, estava fazendo doutorado. Bom, deu-se aí um novo capítulo de minha história, que contarei nas linhas seguintes.

As dificuldades a serem transpostas pareciam muitas, especialmente, porque nunca tinha trabalhado formalmente com carteira assinada. A partir do *insight* de meu irmão e a ajuda de Claudio Lemainski, um parceiro de balada, fundamos a Drakkar.

Eu tinha 25 anos de idade e Claudio 23, ambos sem experiências profissionais, embalados apenas pela vontade intensa de transformar nossas vidas a partir de um novo caminho. Hoje, compreendo que essa falta de experiência pode ter dificultado o trilhar de nosso sonho, mas jamais impediu que tivéssemos coragem e persistência para vencer as pequenas e grandes dificuldades impostas pelo mercado. Sem ajuda financeira externa, sem uma incubadora e mentores ou padrinhos, sempre dissemos que formos criados a ferro e fogo, o que nos deixou muito resilientes ao logo do tempo.

VIVÊNCIAS NA EMPRESA

Quando resgato o meu histórico dentro da Drakkar, considero que passei, literalmente, por todas as posições de uma empresa. Iniciei como atendente, passei a gerente financeiro e depois, de assistente de marketing a *CEO*. De gerente operacional a Presidente. Em todos os caminhos trilhados tive a tarefa de recrutar, selecionar e preparar um novo líder, que um dia assumiria meu lugar. Brinco com cada estagiário que entra na Drakkar que o meu sonho é, um dia, ver um deles assumindo a Presidência da empresa, pois nesse momento, certamente, minha missão estará cumprida.

Minha experiência na Drakkar me possibilitou vivenciar inúmeros desafios, desde a criação de uma empresa para um mercado que praticamente não existia, em que os clientes tinham dúvidas sobre o serviço, até a busca por profissionais qualificados para trabalhar com a nova técnica. Por isso, entramos no início como *Rambo*[16] nesse começo de carreira, lutando sozinhos, com pouco equipamento, usando mais a força bruta e técnicas de guerrilha, para conquistar nosso espaço, cliente a cliente.

16 Referência a publicação Menos Rambo, Mais Sniper. A Saga dos gestores na busca de resultados extraordinários. Volume 1. André Girotto, 2019.

Com a força da juventude e a esperança de ajudar a construir um Brasil melhor e, ao mesmo tempo, não deixamos nossas vaidades individuais influenciar nossos sonhos compartilhados, se nos mantivermos unidos e focados na construção de um futuro de longo prazo. Assim, utilizamos profundamente todos os conhecimentos avançados adquiridos na universidade e tivemos a humildade de aprender conhecimentos básicos durante a jornada, principalmente com os clientes.

NOSSOS DESAFIOS

A criação da empresa foi nosso primeiro desafio, pois não tínhamos experiência de ter participado de outro negócio. Entretanto, passada a emoção da fase inicial, os sobreviventes precisam ter a precisão de um *Sniper*. Uma situação é liderar um time de quatro pessoas, outra é um projeto com mais de 100 colaboradores com o objetivo de dobrar de tamanho em curto espaço de tempo.

Vencida essa fase inicial, posto que abrir a empresa é a parte mais fácil. O novo desafio era como continuar crescendo de forma sustentável e duradoura. Foi necessário buscarmos mais conhecimento sobre gestão de negócios, pessoas e vendas. Foi nessa busca por nossa qualificação enquanto empreendedores, que nosso destino cruzou com o André Girotto (CEO da *Netprofit*) o qual nos apresentou os conceitos do desempenho de Alta Performance. O entendimento de como fazer mais, melhor, mais rápido e com menor custo foi um divisor de águas para a nossa empresa. A mudança de *mindset* trazida pela equipe da *Netprofit* em que fomos incentivados a deixarmos de pensar como aumentar 10% da operação e passarmos a ambicionar como aumentar 10x a operação fez com que transcendêssemos nossas próprias capacidades.

Em tempos de crescimentos exponenciais, a exigência de performance para uma empresa é um pré-requisito para sobrevivência. Todos os acontecimentos e mudanças são causadas por movimentos rápidos, pois mercados, clientes, tecnologias e concorrentes não estão estáticos, são dinâmicos e mudam constantemente. Assim, a empresa para se manter competitiva no mercado, necessita acompanhar minimamente esses movimentos.

Precisamos aprender a nos reinventar diariamente e, para isso, a alta performance é um instrumento essencial. Na verdade, enquanto empresários, precisamos entender que todo o negócio tem suas fases e que podem, por vezes, acompanhar as fases de amadurecimento de seus líderes. O projeto *Netprofit* nos ajudou a entrar na terceira fase de nossa empresa, trazendo-nos um processo de aceleração. Nosso faturamento dobrou e, junto com ele, nossas ambições. Acredito que a combinação de qualidade técnica e performance é uma fórmula para gerar resultados exponenciais. Tínhamos a técnica e sua consolidação, mas precisávamos da performance para concretizar o crescimento.

O mundo dos negócios sempre foi um setor acima da média, em termos de velocidade. Sem dúvida, fazer negócios e realizar uma venda, seja de um produto, serviço ou de um sonho, é a engrenagem motora, desde os primórdios da humanidade, para a evolução do mundo. Todas as inovações do homem provocaram o aumento da velocidade dos negócios, desde a invenção da roda e da moeda, que promoveram as grandes navegações do século XIV, até a invenção do motor a vapor, da energia elétrica, do computador, até chegar na internet, esses foram instrumentos ampliadores do processo de globalização, como o *smartphone*, o *WhatsApp*, automação e inteligência artificial, que certamente estão acelerando ainda mais a possibilidade de explorações espaciais, por exemplo.

Considero que as demandas e tecnologias que serão geradas para que esse salto seja possível vão nos levar a outra dimensão do potencial humano. Assim, as perguntas que fizemos são: como nós, seres humanos, vamos nos preparar para essa nova fase da humanidade? Onde o conhecimento será apenas *commodity!*? Sem dúvida, a expressão EXECUÇÃO EFETIVA faz muito sentido. A eficiência e a eficácia serão pré-requisito para qualquer negócio. Não bastará ter só informação, conhecimento e recursos. Vamos, obrigatoriamente, precisar ser mais eficientes, principalmente, com as habilidades humanas, como a comunicação, automotivação, atitude positiva, espírito de equipe, liderança, serenidade e o comprometimento. Características que serão extremamente valorizadas no mercado de trabalho do futuro.

INOVAÇÕES E LIDERANÇA

Ao falarmos dos pontos essenciais para a competitividade da empresa no mercado, não podemos deixar de mencionar a inovação. Concebo que a inovação é uma estratégia que permite fazer, ou pensar, algo antigo de uma nova forma, criando uma vantagem competitiva melhor e mais eficiente. Mas, para que ela seja efetiva, depende-se do estado de espírito do empreendedor e da própria empresa e de uma necessidade real, além de ser preciso que nossas mentes estejam abertas para as mudanças. A capacidade de transformação é um pré-requisito para a criatividade florescer, ela é a "mãe" da inovação e, certamente, o "pai" é a necessidade.

Apesar de inovações e novidades serem bem-vindas não podemos deixar de fazer o "feijão com o arroz", bem feito e temperado, de forma que clientes e colaboradores se sintam satisfeitos por participar de todo o processo. Essa concepção é amplamente mencionada no agronegócio. Talvez, por trabalharmos com variáveis difíceis de serem previstas, como, por exemplo, o clima e variações inerentes a essa atividade como a lei da oferta e demanda por alimentos, que controla os preços dos produtos agrícolas. Nesse sentido, primeiramente precisamos trabalhar focados em entregar o básico para, depois, oferecermos algo a mais com inovação.

Fazendo um paralelo entre a agricultura e as atividades de outros segmentos, afirmamos que não podemos perder o momento certo de fazer as atividades. Por exemplo: temos o que chamamos de "janelas de plantio", ou seja, o momento certo para fazer um plantio, mesmo que não estejamos totalmente preparados para sua execução. Se perdemos o *timing* do plantio será tão ruim quanto termos feito um plantio com baixa qualidade. Assim, sobre essa ótica, podemos justificar porque o "Agro" é conservador. Somos mais práticos quando se fala em inovação.

Na Agricultura, para que a inovação se justifique precisa ser eficiente e trazer uma solução para alguma questão e não gerar mais um problema para o produtor rural. Neste sentido, acredito que devemos buscar um equilíbrio entre modernizações e a implementação de inovações já existentes, para que não percamos o foco dos resultados. Essa é uma percepção que obtive ao analisar os agricultores que precisam de muita sensibilidade e conservadorismo para tomar uma decisão em seu dia a dia em função de trabalharem com variáveis incontroláveis, com baixa previsibilidade e elevados investimentos financeiros. O risco de uma "fábrica ao céu aberto" é muito grande.

Todos esses aspectos envolvendo inovação, competitividade e a necessidade de se perpetuar um negócio no atual mercado globalizado, tem relação direta, com a liderança e, sobre essa temática, afirmo que "gestores cuja liderança é mais humana estão em alta". Essa máxima é verdadeira, pois, a maioria dos *CEO*s de grandes companhias do mundo, nos últimos anos, tem vindo da área de gestão de pessoas, simplesmente pela importância, na atualidade, de saber liderar equipes multidisciplinares, mistas entre pessoas mais jovens e experientes, com sonhos e ambições que vão muito além do dinheiro[17].

Com essa configuração, essa nova mistura de gerações trabalha por um propósito e não mais apenas movidos pelo desejo da renumeração. Essa realidade vem mudando a "regra do jogo" para mantermos as equipes motivadas. Certamente, em breve, veremos empresas com dificuldades de contratar novos colaboradores e/ou reter seus talentos, porque seus gestores não compreendem a importância da valorização do ser humano e da motivação, que hoje vai muito além do dinheiro.

NOVA FORMA DE LIDERAR: MENOS CONTROLE, MAIS AUTONOMIA

Nessa nova trajetória das empresas, os líderes deverão estar preparados para uma gestão mais horizontal, possibilitando a flexibilização da estrutura rígida de organogramas e posições piramidais, valorizando mais o foco no que realmente importa: o resultado da equipe. Com essa nova concepção, tem-se o entendimento de que a estratégia e a execução vão sendo modificadas a cada novo *feedback*.

Como se tem dito em tempos exponenciais: "vamos trocando o pneu com o carro em movimento". Isto aponta para a necessidade de se planejar apenas o começo e o fim da atividade, pois, o meio vai depender do engajamento, do trabalho em equipe e das dificuldades que vão aparecendo e, ainda mais, da motivação e comprometimento de todas as pessoas que formam a equipe. O líder tem que saber quando interferir, o objetivo é não atrapalhar: menos controle, mais autonomia.

Ainda traçando um perfil dos líderes nas empresas na contemporaneidade, pode-se considerar que existe um novo conceito de liderança, que utiliza muito mais tecnologia de alinhamento e conhecimentos da inteligência emocional, pois quando falamos de "Alta Performance" é necessário transcendê-la dentro de nós. A energia para tratá-la é quase mística, pois é uma potencia-

---

17 Referência a publicação Incansáveis: Como empreendedores de garagem engolem tradicionais corporações e criam oportunidades transformadoras. Mauricio Benvenutti, 2016.

lidade que não enxergamos e, muitas vezes, precisamos de profissionais especializados no assunto para nos acompanhar e ensinar como esse mecanismo da fisiologia humana funciona. Por incrível que pareça, para vencer na era das tecnologias sobre-humanas teremos que ser ainda mais humanos. Assim, pela importância em extrair do indivíduo o que ele tem de melhor é que a carreira de coach está em alta.

Ao fazer uma análise sobre a realidade em que nos encontramos inseridos, acredito que temos uma crise de líderes no Brasil. Para mim isso não é uma novidade, antes uma consequência que já vem sendo cultivada desde a nossa orientação escolar. Não lembro de ter tido aulas de liderança na minha formação básica e nem mesmo em minhas aulas no ensino superior. Assim, não poderíamos esperar ter uma legião de líderes competentes. Desse modo, precisamos, urgentemente, mudar essa realidade em nosso país, desde o ensino fundamental até a faculdade é necessário que sejam realizados investimentos nas pessoas, fazendo treinamentos de gestão financeira, de vendas e, principalmente, de liderança.

Tenho trabalhado com um projeto inovador que leva mais gestão às propriedades rurais e venho constatando que os grandes problemas do "Agro" nesta área estão relacionados tanto pelo baixo grau de instrução dos colaboradores quanto pela falta de conhecimento em liderança dos proprietários. Entretanto, a culpa da ineficiência sempre acaba na parte mais fraca, gerando a demissão do colaborador, fazendo com que um ciclo errado se perpetue. Em minha opinião, o investimento em lideranças de pessoas deveria ser encarado como uma estratégia de segurança nacional, tanto quanto a formação de nossas forças armadas.

SINGULARIDADE E INSPIRAÇÃO

Ao retomar o histórico de minha carreira profissional considero que todos somos, de alguma forma, inspirados. Gosto de seguir bons exemplos sempre, não pessoas propriamente ditas, mas atitudes que nos inspirem positivamente de modo geral. Acredito que ninguém está livre de errar, assim, considero um risco e um erro seguir cegamente alguém. Tenho certeza de que somos únicos e, por isso, precisamos buscar nossa singularidade, construindo uma identidade com qualidades que aprendemos com diferentes pessoas e exemplos de vida.

Particularmente, sempre quis ser eu mesmo, singular e autêntico, com minhas habilidades e meus defeitos. Aprendi que precisamos explorar nossas habilidades, reduzir nossos defeitos e delegar atividades que dependem das nossas áreas "defeituosas" (leia-se, menos habilidosas), para outras pessoas com aptidões para isso.

Acredito que devemos ser inteligentes o suficiente para sabermos que sempre haverá alguém mais hábil ou preparado que nós em muitas áreas e, por isso, temos que ter essas pessoas como aliados e aprender com elas. No entanto, todos os grandes líderes da história devem ser estudados, para que possamos nos identificar e encontrar atalhos em busca de refinar nossa liderança. As pessoas precisam ter clareza em seus objetivos, pois só assim terão sucesso em alcançá-los. Considero também que o líder do futuro deverá saber ser liderado e não precisa, e nem deve, estar 100% à frente das ações. A liderança do futuro será compartilhada.

O segredo da liderança para mim já é antigo e de conhecimento popular: DEDICAÇÃO, PERSISTÊNCIA e DISCIPLINA. Entretanto, adicionaria a isso uma proporcionalidade da SABEDORIA NATURAL associada a cada pessoa, ou seja, para alguns será mais fácil, outros precisarão de mais tempo de preparação e dedicação, sendo que o meio em que vivem poderá, ou não, acelerar esse processo. Na minha concepção, falta uma orientação mais clara para muitos jovens acerca das etapas da vida e a falta de um propósito leva muitos a caminhos "pedregosos".

Essa falta de clareza e conhecimento dos objetivos a serem alcançados traz uma gigantesca carga de ansiedade que, sem dúvida, poderá atrapalhar nas tomadas de decisões cruciais da vida. Por esse motivo, é sempre importante ouvir pessoas multidisciplinares, de preferência de sucesso comprovado e, que tenham a honestidade como uma característica essencial. Não ter medo de pedir conselhos e visões de ângulos diferentes, estando sempre preparado para críticas construtivas e destrutivas, pois para uma tomada de decisão mais certeira você precisa de mais conhecimento, que pode não ter sido adquirido ainda, pois precisa-se do cruzamento das experiências de pessoas diferentes.

De posse dessas concepções, considero que a busca de experiências deve ser algo amplamente estimulado em todas as fases da vida, destacando-se no período juvenil, para que as habilidades de relacionamento e ampliação de horizontes sejam desenvolvidas rapidamente e não percamos tanto tempo no futuro procurando algo que nos preencha. Isso irá diminuir a ansiedade. Temos que entender que os nossos propósitos se alteram à medida que nosso ambiente e anatomia vão mudando. Precisamos ter consciência disso e irmos nos adaptando, como Charles Darwin[18] nos ensina: na evolução da natureza não vence o mais inteligente e nem o mais forte, mas sim o mais adaptado.

Por isso digo que o espírito inteligente está preparado para mudanças inevitáveis. Sendo assim, em tempos de resultados exponenciais, todos devem estar constantemente buscando ferramentas e conhecimento que nos ajudem a termos melhor performance, mais eficiência, menos trabalho, mais tempo, mais conforto e, sem dúvida, treinamentos especializados nesta área podem trazer ou despertar habilidades que levaríamos muitos anos para entender e desenvolver. Desse modo, recomendo que os jovens busquem mestres nesta arte para se descobrirem e explorarem o melhor de cada fase de suas vidas profissionais e pessoais.

18 Frase atribuída a Charles Darwin, biólogo britânico do século XIX, célebre por seus avanços sobre a origem e evolução das espécies no planeta.

CAPÍTULO 3
TÁTICA DE JOGO PARA CHEGAR LÁ

"O Treinamento foi sensacional. Descobri que posso apoiar ainda mais a organização da qual faço parte e obter ainda mais resultados".
Adriana Plastina (DHO – TIVIT)

Em uma arena de jogo, resmungos, insatisfação e desânimo são sentimentos muito comuns, faço um adendo aqui para dizer que, na verdade, podemos encontrar essas emoções em todos os ambientes. Todavia, eles precisam ser eliminados caso os jogadores queiram obter algum resultado positivo.

Dentro de uma empresa, vale essa mesma regra. Porém, muitas vezes, vejo líderes e colaboradores inventando desculpas, criando problemas, colocando dificuldades, tudo para justificar a falta de iniciativa diante de um desafio. Tudo para não aceitar que precisam mudar o seu foco de pensamentos e sentimentos, buscando a construção de um ambiente mais positivo.

Em minhas vivências, quando iniciamos o processo de *coaching*, costumo apresentar uma analogia simples, mas esclarecedora, entre um time de vôlei e uma equipe corporativa. Esse exemplo serve também para as pessoas entenderem as similaridades, pois, às vezes, o papel do *coach* pode ter semelhanças com o papel de um técnico esportivo, inclusive porque originalmente, a palavra *coach* significa treinador esportivo.

O método *coaching* faz uso de uma linguagem, de uma técnica de comunicação, diferente das táticas utilizadas pela maioria dos treinadores desportivos. Mas, em alguns casos, as dificuldades alegadas pelas equipes (atléticas ou corporativas) podem ser bem semelhantes e, as consequências dessas reclamações e sentimentos negativos, tendem a ser devastadoras para os dois grupos.

A fim de comprovar esse raciocínio, é válido ressaltar que, no início da minha carreira, trabalhei alguns anos com treinamento de atletas de alto rendimento. Eu cuidava do desenvolvimento de vários atletas e, por conta dessa experiência, vivenciei algumas histórias interessantes no mundo dos esportes e que são muito úteis nos programas de *coaching* que aplico.

Dito isto, vamos à analogia! Certa vez, tive a oportunidade de acompanhar um time de vôlei feminino de uma categoria de base. Lembro que o time estava perdendo de 14x0. Em campo, as jogadoras se mostravam desmotivadas, diria, até mesmo, que elas estavam prestes a entregar a partida.

O técnico – ou seja, o *coach* – solicitou um tempo e reuniu suas jogadoras num canto da quadra. O grupo tinha apenas dois minutos para se acertar. As atletas fizeram uma série de queixas e reclamações e, em resumo, colocavam a culpa em suas adversárias.

Diante daquele mar de lamentações, o técnico respondeu:

> Vamos ver se eu entendi: pelo que vocês estão dizendo, a única saída que me resta é ir até o campo adversário para pedir ao outro time que pegue mais leve e deixe passar algumas bolas para vocês. É isso mesmo que eu estou ouvindo? Sabe o que vai acontecer? Elas vão rir da minha cara e da cara de vocês! Olha, se vocês não aguentam, peçam para sair (TÉCNICO DO TIME DE VÔLEI FEMININO).

As jogadoras acompanhavam as palavras do treinador com os olhos fixos no que ele dizia. Ele, então, pegou uma toalha branca e a entregou para a capitã do time dizendo: "Joguem a toalha, se é isso mesmo que vocês querem. Vamos, joguem a toalha, porque as adversárias não vão ser boazinhas com vocês".

Nesse momento, uma das garotas disse: "Não! Nós não queremos desistir. Só que a gente não sabe o que fazer!" E o técnico respondeu: "Muito bem! Se vocês querem conversar sobre o que fazer e como fazer, eu estou disposto a ajudar". A partir dali o grupo se uniu e, rapidamente, traçou novas estratégias, elas se propuseram a entrar em campo com um novo posicionamento. Quando o tempo acabou, o time voltou ao "campo de batalha".

O ataque do time começou a ser feito de outra maneira e sua defesa se reestruturou. O que parecia impossível, aconteceu: o time marcou o seu primeiro ponto. Foi um lance incrível! Uma jogada rápida pelo meio de quadra onde um ataque da linha dos 3 metros acabou em uma cravada genial.

Me lembro desse dia como se fosse hoje, a equipe explodiu de alegria e a energia foi lá em cima! As jogadoras comemoravam com euforia. Parecia que tinham marcado um ponto decisivo na final de um campeonato. Elas olhavam para as adversárias como que dizendo: "Estamos aqui! Viemos para jogar!".

Depois do primeiro ponto, o time passou a jogar de igual para igual com suas adversárias, porém, claro que não houve tempo suficiente para uma virada que as levassem à vitória da partida. Após aquele dia, nos reunimos com a equipe e ficou claro que, se tivéssemos entrado na quadra com aquela energia desde o início, provavelmente teríamos vencido.

A grande lição dessa analogia, que vale tanto para o esporte quanto para o mundo corporativo, é percebermos que se as coisas não estão indo bem, a melhor atitude a tomar é buscar outra forma de realizar aquilo que desejamos. Devemos persistir e acreditar que o jogo pode virar se substituirmos a tática utilizada por outra mais efetiva e, se uma nova tentativa não deu certo, devemos tentar outra forma e outra, outra, outra... até conseguir ou morrer tentando, sem desistir por um minuto. Não existe segredo: quem quer algo e acredita nisso, corre um grande risco de arrumar um jeito de fazer ou de chegar onde quer.

Meu conhecimento e experiência vão ao encontro do entendimento de Oliveira e Rocha[19]: é preciso investir esforço e persistência, em todas as atividades de nossas vidas, mesmo diante de dificuldades, pois somente assim, alcançaremos os resultados pretendidos, ou seja, é preciso persistir e se engajar no trabalho.

Sei que dentro das empresas e corporações existem inúmeros adversários ou, melhor dizendo, encontramos muitas adversidades a serem enfrentadas – como a falta de tempo, os recursos limitados, a pressão dos concorrentes fortes, dentre outros fatores que podem ser difíceis, porém, não são impossíveis de serem vencidos.

O nosso propósito aqui, não é direcionado a como modificar as situações de adversidades, mas sim, conversar sobre como as superar, isto significa dizer, como as vencer. Foi o que o técnico do time de vôlei fez a fim de mudar os rumos daquele jogo.

Agora, eu lhe pergunto: será que você tem tentado virar o seu jogo? Será que estamos ganhando de 1x0 e está bom? Ou você está acomodado no discurso: "Estou fazendo o melhor que posso, mas as adversidades são maiores do que eu (mercado, concorrente, falta de mão de obra, dentre inúmeros outras). Que se há de fazer? As coisas são assim. Paciência!".

Bom, se quiser conversar comigo sobre como fazer diferente, sobre como tentar de outra forma, eu estou aqui disposto a lhe ajudar. Se quiser, vamos aumentar a sua performance profissional em 30%, a partir de hoje! Como você se sentiria se conquistasse 30% a mais de resultados, ganhando como bônus 10 horas a mais por semana? Livre para fazer qualquer outra coisa que quiser sem ser trabalhar. Seria bom? Então, vamos começar?

Se você topar, lhe garanto que PODEMOS FAZER MAIS, MELHOR, MAIS RÁPIDO E GASTANDO MENOS! ESSE É O NOSSO JOGO CORPORATIVO.

A nossa tática de jogo daqui para frente será dividida em 4 etapas, como observamos na figura 4:

---

19 OLIVEIRA, Lucia Barbosa de; ROCHA, Juliana da Costa. Engajamento no trabalho: antecedentes individuais e situacionais e sua relação com a intenção de rotatividade. **Revista Brasileira de Gestão de Negócios**. São Paulo. 19(65):415-432, jul./set. 2017.

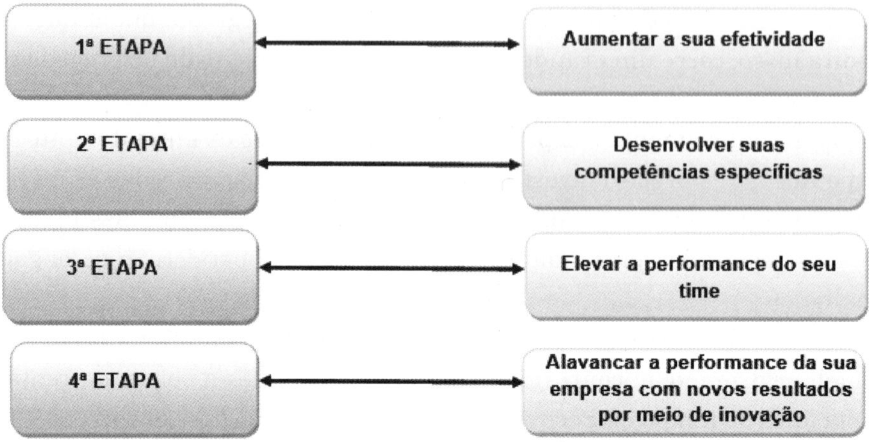

Figura 4 – Quatro etapas da tática do jogo

A figura 4 demonstra, claramente, que cada uma das etapas exige ações simples, possíveis de serem realizadas, permitindo que a equipe ganhe em rendimento e competitividade.

Papel e caneta na mão! Vamos trabalhar!

CEO DA CLOSURES SYSTEMS INTERNATIONAL (CSI)

"Inovação, no sentido prático, é buscarmos formas diferentes de realizarmos processos cotidianos, gerando VALOR para a Organização."

Andre Luis Monteiro Coser

DADOS BIOGRÁFICOS

Andre Luis Monteiro Coser, conhecido como Andre Coser, nasceu em 25 de fevereiro de 1974 na Cidade de Araras, interior do Estado de São Paulo. São Paulino roxo, jogou por 2 anos no União São João de Araras e, por isso, considera os dois como os clubes de seu coração.

Filho de Cesarino Coser e de Adair Monteiro Coser, nascido na zona rural da Cidade Estiva Gerbi, um antigo bairro de Mogi Guaçu atualmente emancipado. Seu pai começou cedo na labuta e aos 13 anos de idade já trabalhava em um matadouro bovino, local onde aprendeu a manusear carnes e, assim, ainda jovem abriu seu pequeno açougue. 20 anos após abrir seu primeiro negócio, montou um frigorífico de médio porte na Cidade de Araras-SP. Durante esse período seu pai foi um grande empresário do ramo de carnes e, atualmente, com 79 anos, se dedica à sua paixão: jogar bocha, esporte que pratica há quase 60 anos.

Sua mãe, Adair, também nasceu em Araras-SP e, durante a sua vida, foi professora de ensino básico, atuando na educação por 27 anos, está aposentada há 28 anos. Uma mulher forte, sempre foi uma guerreira, dedicando-se a família e aos cuidados de sua mãe que ficou acamada por quase 20 anos. Atualmente tem 74 anos de idade, além de cuidar da casa e dos netos, é uma mulher ativa e apaixonada por costura, tricô, crochê e demais atividades artesanais (plantas como paixão).

O casal Cesarino e Adair teve dois filhos: Andre e Ana Paula, Psicóloga e mãe de Nathan Coser Prada, hoje, com 30 anos de idade.

Andre Coser é casado com Fernanda Coser (Advogada) e é pai do Lucas e do Mateus, com 10 e 3 anos de idade, respectivamente.

Desde muito cedo começou a trabalhar, tinha apenas 10 anos, ainda no ensino básico em Araras e já trabalhava com o pai no frigorífico, onde passou a gostar dos temas relacionados à engenharia de alimentos. Foi garçom com 14 anos de idade, aos 17 anos se mudou para São Bernardo do Campo, a fim de estudar na Escola de Engenharia Mauá, em São Caetano do Sul. Infelizmente, não se adaptou à cultura local e um ano depois, em 1993, iniciou o estudo em Engenharia de Alimentos na Fundação Educacional de Barretos, formando-se em 1996.

No ano de 1997, iniciou a atividade profissional na Sucorrico, empresa, que, atualmente, pertence ao Grupo Citrovita. Em 1998, realizou pós-graduação em *Quality Administration*, curso que lhe abriu caminho para atuar em uma grande multinacional sueca (Tetra Pak), na qual ficou por mais de uma década.

No desempenho de suas atividades na Tetra Pak teve oportunidade de conhecer mais de 20 países e, em 2005, depois de seu casamento com Fernanda, viveram por 4 anos na Arábia Saudita. Ao regressar ao Brasil em 2008 a Tetra Park lhe deu nova oportunidade de continuar os estudos em *World Class Manufacturing* (WCM- Manufatura de Classe Mundial) na Cidade de Gotemba, no Japão.

Depois de décadas em empresas multinacionais e em funções de operações e gestão, assumiu a posição de Diretor Geral da América do Sul em uma empresa norte americana, na cidade de Jundiai.

TRAJETÓRIA PROFISSIONAL

Minha trajetória profissional se inicia com a história de vida e de atividade laboral da minha família. Meu pai sempre foi comerciante, desde muito cedo, sempre atuou com frigoríficos de carnes e de fabricação de embutidos cárneos. Desde pequeno eu frequentava o frigorífico do meu pai e essa proximidade me oportunizou a identificação com a área de alimentos.

Assim, graduei-me em Engenharia de Alimentos e, posteriormente, fiz pós-graduação em *Quality Administration* (Administração da Qualidade), após alguns anos, tive a oportunidade de estudar os conceitos de *WCM* junto ao renomado *Japan Institute of Plant Maintenance* (JIPM), na cidade de Gotemba, Japão.

Depois da graduação em Engenharia de Alimentos, no ano de 1997, um grande amigo, gerente de planta, convidou-me para trabalhar em uma empresa de fabricação de suco de laranja concentrado para exportação. Foi então que tive a oportunidade de atuar como engenheiro júnior e, desse modo, iniciar os meus primeiros passos profissionais.

Dois anos mais tarde, fui convidado para participar de uma seleção na área de Processos de Alimentos em uma grande multinacional sueca e, como sempre, abracei essa nova oportunidade aceitando seus desafios. Lembro-me que minha entrevista não foi positiva como eu esperava. No entanto, enquanto ainda estava nas dependências da Empresa, conheci uma gerente de Qualidade Corporativa e ela me perguntou o motivo da minha presença naquela organização, lhe expliquei que participava de um processo seletivo e, nesse momento, ela me chamou para uma conversa.

A partir dessa conversa se iniciou uma história de quase 14 anos nessa empresa, tive a oportunidade de trabalhar diretamente em quase 20 países. Nessa mesma empresa, conheci aquela que é minha esposa e mãe dos meus dois filhos, Lucas e Mateus.

DESAFIOS E RESULTADOS

Falar dos meus DESAFIOS e RESULTADOS é algo que me deixa motivado e orgulhoso pelos legados vivenciados ao longo da minha trajetória profissional.

Dentre os principais desafios os quais desempenhei profissionalmente, cito a implementação da cultura de Manufatura de Classe Mundial em mais de 20 países, em conjunto com o desenvolvimento dessas habilidades e competências para mais de 30 profissionais. Hoje, muitos deles, lideram posições estratégicas em organizações globais com atuações internacionais.

Ainda tratando dos desafios, acredito que fatores como o idioma, os hábitos e culturas de diferentes países, são elementos que geram dificuldade em implementar um sistema como a cultura Manufatura de Classe Mundial, por isso, aponto que vencer essas barreiras foram desafios os quais me possibilitaram experiências profissionais valorosas.

Se existiram desafios, a verdade é que também houveram bons resultados, como, por exemplo, o *turnaround*[20], que constitui um processo de reposicionamento de organizações até então projetadas para encerramento de atividades, apresentando excelente retorno financeiro sobre os investimentos, além de gerar melhorias excepcionais em gestão estratégica e operacional.

Outro resultado importante a ser citado são as conquistas alcançadas por meio do Gerenciamento de Processos de Manufatura de Classe Mundial, com seis prêmios do renomado JIPM. Ainda considerando meus resultados alcançados na vida profissional, cito a implantação e conquistas de Prêmios Internacionais na Cultura Muçulmana, pois vivencie, pratiquei e deixei um legado pessoal e profissional em países como Arábia Saudita, Paquistão e Turquia.

EXECUÇÃO

Em um mundo cada vez mais globalizado e com necessidades específicas de buscarmos a melhoria contínua em todos os níveis organizacionais, a execução efetiva, no meu entendimento, tem relação direta com: planejamento estratégico, planejamento tático e desdobramento em ações operacionais alinhadas aos objetivos da organização.

As habilidades e competências exigidas pela organização, os processos de desenvolvimento organizacional, a gestão da performance e outras séries de

20 *Turnaround* é uma palavra em inglês que na tradução para o português significa "virada", ou ainda, "dar a volta", é um termo utilizado em administração de empresas, com base na gestão estratégica. Essa expressão se popularizou em todo o mundo, especialmente, nas décadas de 1970-1980.

práticas organizacionais às quais, sendo claramente comunicadas e implementadas, refletirão diretamente na performance organizacional, de forma efetiva, gerando VALOR ao *shareholder* (acionistas) e, também, aos *stakeholders* (partes interessadas), presentes na cadeia de valor.

A geração de valor é algo fundamental para a sustentabilidade e perenidade das organizações e caso a execução efetiva não esteja presente como prática e dimensão da cadeia de valor, isso impactará nos resultados esperados pela empresa.

INOVAÇÃO

Inovação, no sentido prático, é buscarmos formas diferentes de realizarmos processos cotidianos, gerando VALOR para a Organização. Pontua-se que a inovação tem relação com os métodos e melhorias de processos, de eliminação de valor não agregado, de buscarmos soluções efetivas para problemas não convencionais.

Compreendo também que inovação é buscarmos a DIFERENÇA naquilo que fazemos, agregando VALOR para a Organização e para todas as partes interessadas. A importância da inovação está centrada no ato de desafiar o *status quo* das empresas, frente aos desafios vivenciadas no dia a dia, com foco pleno no alcance dos objetivos estratégicos propostos.

É certo que a inovação é uma ferramenta transformadora do ambiente organizacional. Todavia, ela ocorre com maior amplitude e melhores resultados quando a organização tem na liderança algum outro instrumento de dinamismo em seu ambiente, capaz de agregar valor.

LIDERANÇA

O papel da liderança, como conceito histórico, sempre estará relacionado a alguns pilares da evolução organizacional: comunicarmos de forma eficiente a todos os níveis organizacionais, atuarmos como agentes de mudanças nas diversas dimensões e promovermos continuamente o desenvolvimento das habilidades e competências necessárias para o alcance dos objetivos propostos. Para tal, faz-se necessário que o líder esteja preparado para conduzir tais processos.

Dependendo do nível de maturidade referente ao desenvolvimento da organização, principalmente no que diz respeito ao avanço tecnológico, as habilidades , competências e outros fatores, permitirão que o líder possa adaptar seu estilo de liderança conforme os conceitos da Liderança Situacional e, assim, conduzir a organização para as mudanças que são necessárias e que visem o alcance dos resultados esperados pela empresa.

Todas essas vivências de gestão e liderança são elementos facilitadores de novas aprendizagens e, portanto, capazes de gerar novas oportunidades no campo profissional, apresentando benefícios, inclusive, para a empresa em que atuamos.

APRENDIZADO NA GESTÃO

Em 2005, fui convidado a realizar um trabalho no Oriente Médio, iniciando a implementação do *World Class Manufacturing* na Arábia Saudita. Vínhamos de um importante momento de obtenção de níveis de excelência em uma grande multinacional no Brasil e éramos observados como referência mundial em tal prática e gestão.

Consciente de minha experiência em processos de melhorias fui para a Arábia Saudita pensando que seria fácil a implementação de sistemas e processos de gestão, alcançando o mesmo sucesso que em outros países. Todavia, tive que aprender, durante um período mínimo de 6 meses, a compreender e participar da cultura muçulmana.

Compreendi, então, que os sistemas, os processos e o modelo de gestão com excelência em gerenciamento funcionavam muito bem no Brasil, mas não em um país com valores e cultura filosófica-religiosa e humana tão diferente quando comparados aos brasileiros. Aquilo que no Brasil fizemos em menos de 1 ano, levou por volta de 3 anos para ser efetivado na Arábia Saudita.

Nesse sentido, considero que o principal aprendizado com a gestão foi o de que sempre devemos compreender claramente a cultura na qual vamos tentar implementar um processo de mudanças. A gestão não pode simplesmente fazer uma expansão horizontal de uma transformação e acreditar que obterá êxito. Por certo, há que se compreender os valores e crenças da cultura na qual serão inseridos essa alteração, pois todos esses elementos influenciam na forma de ser, agir e produzir das empresas.

INSPIRAÇÃO/MOTIVAÇÃO DA CARREIRA

Sempre acompanhei o meu pai na sua carreira profissional como comerciante. O despertar do meu interesse por engenharia de alimentos seguramente foi iniciado quando eu ainda era criança, quando a convivência com meu pai possibilitou me desenvolver nessa área. O estímulo pela qualidade e melhoria contínua foram aprendizados inseridos à minha vida profissional posteriormente e, a partir daí, sempre procurei o meu desenvolvimento no que diz respeito as práticas e gestão de melhoria contínua, por meio do aprendizado de ferramentas avançadas em tais conceitos.

A construção dos legados profissionais proporcionados por minhas vivências em diferentes culturas, tem-se mostrado ao longo dos anos, uma das mais importantes ferramentas para a manutenção de minha motivação profissional. Meu impulso, em termos empresariais, está intimamente relacionado a isso.

Quanto ao lado prático, aquela dimensão a qual precisamos pegar o "touro pelo chifre", a minha inspiração sempre foi minha mãe. Mediante todas as dificuldades e desafios que a vida lhe propôs, ela nunca desistiu, sempre encontrou alternativas, caminhos e soluções, trabalhando duramente para alcançar seus objetivos familiares e profissionais.

DICAS PARA QUEM ESTÁ INICIANDO A CARREIRA PROFISSIONAL

Poderia enumerar aqui uma série de recomendações, mas vou focar somente em algumas dimensões importantes:

- Estar sempre pronto para DESAFIOS, bem como estar contínua e ativamente praticando e aprendendo: O futuro será para profissionais que se destaquem pelo conhecimento;
- Não ter medo do desconhecido: enfrentar o que não é conhecido, desafiar o *status quo* das organizações, respeitando o conjunto de valores e crenças praticadas pela empresa;
- Desafiar-se, buscando sempre a inovação: não se contentar em apenas realizar o que precisa ser feito. "Ir além de...", buscar, desafiar-se a todo o momento;
- Ser um agente de mudanças: pessoas de sucesso conduzem e ge-

renciam mudanças. O líder de sucesso é aquele que consegue aliar a condução das mudanças com o alcance dos objetivos propostos pela organização;

- Nunca se esquecer dos valores pessoais: a base para relações éticas e condizentes com os famosos *complainces* organizacionais. Busquem sempre o resgate e prática dos valores e moral familiar;
- Desenvolver habilidades e competências na organização: tendo em vista diversos líderes de sucesso, que tenho como mentores, observei o FOCO no desenvolvimento das habilidades e competências organizacionais como característica comum em todos os níveis.

CAPÍTULO 4
O QUE IMPORTA PRIMEIRO É SER EFETIVO

"O treinamento abriu a minha mente para o novo, para focar nas atividades de alto impacto e, principalmente, para o fato que sou capaz de fazer o extraordinário".
Juliana Batista Reis Veloso (Planejamento Financeiro - Algar Telecom)

Para iniciar esse capítulo, precisamos chegar a um consenso sobre a definição de efetividade. Você saberia definir EFETIVIDADE? Entende o que essa palavra significa? Certa vez, tarde da noite, me deparei com uma luta de *MMA* sendo exibida por um canal de televisão. Um dos comentaristas evidenciava o fato de que um dos lutadores já havia desferido mais de 60 golpes em seu adversário, porém, ele ainda não tinha conseguido ser efetivo.

Fiquei intrigado com o uso da expressão "ser efetivo", justamente porque trabalhamos muito isso nos treinamentos. Eu estava num hotel, em alguma das inúmeras cidades do país pelas quais já passei com o programa *High Performance,* e comecei a pensar naquilo tudo, a palavra EFETIVO não sai do meu pensamento.

Quando voltei a atenção novamente para a TV, o lutador adversário, que já havia levado os 60 golpes, aplicou um nocaute de precisão notável e, com essa única ação, venceu a luta. Nesse momento, o comentarista exclamou: Isso é ser efetivo! Na verdade, a máxima efetividade, seria se, ao tocar o "gongo", um dos atletas, imediatamente, desferisse um golpe que nocauteasse seu adversário, de forma instantânea, ou seja, seria o máximo resultado no menor tempo possível.

Segundo o dicionário, um dos significados para a palavra efetividade é: "aquilo que funciona de fato". Seguindo essa premissa, é válido que você se questione, quais, dentre as suas tarefas diárias no trabalho, têm "funcionado de fato". Qual seu resultado efetivo e em quanto tempo?

A efetividade pode ocorrer em todas as empresas, públicas ou privadas, constituindo, segundo Matias-Pereira[21], a soma da eficiência e da eficácia. Aliás, esse conceito já foi apresentado nesse livro por outro autor, o que aponta para a sua abrangência e veracidade, tendo em vista que diversos teorizadores, *coaches* e gestores compreendem que a efetividade tem relação com o fazer a coisa certa, com maior rapidez, menor custo e alcançando excelentes resultados.

Muitos executivos me relatam que trabalham exaustivamente e que costumam "matar um leão por dia". Fazem uso de todos os recursos dos quais dispõem a fim de conquistar suas metas e travam verdadeiras batalhas para realizar as coisas. Eles me lembram alguns personagens clássicos dos famosos filmes de ação como o *Rambo* – foram "programados para matar", porém, nem sempre, possuíam a efetividade como resultado de suas ações.

---

21 MATIAS-PEREIRA, José. **Curso de administração pública:** foco nas Instituições e ações governamentais. São Paulo: Editora Atlas, 2010.

Atuam como guerreiros solitários tentando resolver tudo, o tempo todo! No entanto, essa atuação desmedida exige muita energia e não soluciona algumas questões, além de causar diversos efeitos colaterais. Isto significa dizer que ao se comportarem como "rambos" utilizam muita munição para acertar seu alvo, isso não significa que não alcancem resultados, mas, sim que não são efetivos.

Em vista disso, a partir de agora, a minha proposta é trabalhar com você para que possamos nos tornar verdadeiros "*snipers*" (atiradores de elite). Executivos que disponibilizam sua energia com foco na ação que gere mais resultado no menor tempo possível, ou seja, é preciso ter nitidez, conforme vimos no primeiro capítulo, assim conseguiremos saber o que, como e de que forma iremos realizar e, desse modo, nos tornaremos efetivos.

Se você seguir nossas recomendações e despender uma atenção acima do normal para algo, certamente, enxergará oportunidades também acima do normal que te possibilitem obter resultados ou sanar questões em alguma área do seu trabalho. Não importa a área ou a atividade desenvolvida, ser efetivo no que realiza é um ponto essencial.

Para focar, ou seja, direcionar essa "super" atenção, é necessário observar o entorno, reunir informações, compará-las e só a partir de então, alcançar um estado de percepção lúcido. Diante dele, você vai conseguir separar os fatos banais dos fatos realmente RELEVANTES e ter foco naquilo que te permitirá se tornar efetivo e te fará alcançar os resultados esperados.

Partindo dessa posição, você será um profissional capaz de determinar ações estratégicas para uma situação, tendo como base FATOS que são, verdadeiramente, RELEVANTES naquele momento e para aquele cenário.

Vamos partir para a prática e entender melhor o que estou dizendo? Preparei um exercício simples, com apenas duas perguntas, que lhe levarão a uma compreensão e aprendizado de forma mais dinâmica e concreta. Segue abaixo:

1 – Por que o seu cargo foi criado? Que propósito ele tem dentro da empresa onde você trabalha?

Atenção: não estou perguntando o que você faz. Estou perguntando qual é a missão do seu cargo dentro da empresa!

Quando lanço esse primeiro questionamento em meus treinamentos, vários gestores, como também os gerentes comerciais, respondem que seus cargos foram criados para vender mais. Bom, considero que seja mesmo provável que o objetivo final daquele cargo seja exatamente vender. Porém, a função/missão de um gerente não é vender. Como assim?

O gerente é o profissional que coordena uma equipe de colaboradores dentro de uma empresa, ou seja, ele é o líder que orienta e apoia as pessoas de uma equipe para que elas possam atingir as metas do seu setor, incluindo as vendas.

Parece óbvio, mas, nem sempre, o óbvio é considerado assim. Em geral, os líderes focam em resultados, o que é perfeitamente compreensível, porém, os resultados dependem da atuação de seus colaboradores e a ação desses colaboradores dependem de seus líderes.

Assim sendo, esse diferencial de atenção e dedicação do gestor para com a sua equipe pode ser a chave para a conquista de metas, resultados e realizações extraordinárias.

Na verdade, entramos aqui, nas considerações de Silva e Santos[22], que nos afirmam que empresas são estruturas organizacionais que fazem parte de um ambiente em constante estágio de transformação. Assim, para as gerenciar é preciso pessoas que saibam conduzir as outras a realizarem ações em benefício do objetivo organizacional. É nesse sentido que os gestores são imprescindíveis, isso porquê, eles têm o poder de influenciar as pessoas a interagir suas competências, capacidades, habilidades e conhecimentos, tornando a organização fundamentada na efetividade do alcance dos resultados.

Se você é um gestor e tem liderados, eu lhe pergunto: o que você tem feito para dar uma atenção acima da média para sua equipe? É possível atuar de maneira mais efetiva? Você está ajudando a sua equipe a definir melhor quais são as prioridades naquele momento, naquele cenário? Ou você atua somente focando nas urgências e problemas que sua equipe é incapaz de sanar sem a sua presença?

Parecem questões tão simples, não é? Mas, ninguém as faz! Promova uma autoanálise e seja honesto: você tem feito e dado o melhor de si nos quesitos que envolvem gerir, ajudar e apoiar as pessoas que fazem parte da sua equipe? Ou a sua energia está sempre voltada à ação de "cobrar resultados"?

Precisamos ter consciência de que resultado é um "fim", enquanto as pessoas são o "meio" para que você chegue a esse "fim". Portanto, foque 80% da sua energia nas pessoas descobrindo NOVAS formas de ajudá-los e 20% nos resultados; não o inverso. Assim, talvez, ao longo de 30, 60 ou 90 dias, o desempenho do seu setor poderá ser muito diferente.

---

22 SILVA, Gabriela Moreira da; SANTOS, Joice Moreira dos. **A importância da liderança nas organizações.** 2012. 61f. Monografia (Bacharel em Administração) – Faculdade de Pindamonhangaba, Pindamonhangaba, São Paulo, Brasil, 2012.

O líder deve ser uma pessoa criativa, capaz de realizar tarefas envolventes e participativas, é por meio de uma boa liderança que a organização consegue atingir os objetivos almejados, tornando-se competitiva no mercado em que atua, mesmo diante de complexidades e competitividade.

Deixo aqui essa reflexão e, agora, passo à segunda pergunta do nosso exercício prático, você deve a responder em seguida:

2 - Qual é o indicador de performance prioritário no seu setor? Aquele pelo qual você será mais cobrado no final do mês; aquele cujos resultados, não sendo positivos, colocariam seu cargo em jogo?

Em algumas empresas, o gerente comercial e seu setor costumam ser julgados profissionalmente de acordo com o volume de vendas que alcançam por mês. Pois bem, vamos analisar esse dado de uma forma fria e pragmática tendo como base, um exemplo hipotético.

Vamos supor que Bruno, um gerente comercial de uma corporação de médio porte, costuma ser simpático, bem-humorado, ele cativa toda a equipe. Além disso, ele é o típico "pau pra toda obra". Onde tem um problema, um processo travado, um estouro de prazo, ele está lá, botando a "mão na massa", a fim de que as coisas se resolvam.

Bruno costuma fazer, regularmente, treinos de capacitação e cursos de especialização em diversas áreas, até em assuntos que não fazem parte de seu setor. No entanto, mesmo com tudo isso, a sua equipe, de uns meses para cá, não tem "batido" as metas esperadas pela empresa. Seus diretores, em reunião, votam pela retirada do cargo de Bruno por conta dos números não alcançados. Afinal, a meta de Bruno só pode ser alcançada se cada um dos colaboradores alcançarem a deles.

O Bruno perde o emprego e se sente injustiçado, afinal, vestia a camisa da empresa. Foi um funcionário dedicado e esforçado, sempre presente nos momentos de crise, "arregaçando as mangas" do operacional a fim de "apagar incêndios", em seu departamento e também no de seus colegas.

Podemos dizer que o erro dele foi ter dado mais importância e prioridade aos vários indicadores de trabalho que não faziam tanta diferença para seus superiores naquele momento ou naquele cenário. Ele nunca se perguntou quais fatores poderiam colocar seu cargo em risco ou qual a meta prioritária de seu setor naquele momento e, sendo assim, como ele poderia atuar como líder para que seus colaboradores alcançassem o engajamento necessário para os bons resultados da equipe.

Portanto, é importante que você perceba que existem vários indicadores relevantes. Todavia, alguns são essenciais para a sobrevivência do seu cargo e da sua equipe e outros não, dependendo do momento. Para diferenciar uns dos outros, basta se indagar frequentemente: o que mais me cobram nessa empresa? Já tem a resposta? Que bom! Se não tem, comece a pensar!

É preciso levar em consideração que costumamos fazer várias tarefas e atividades diárias e, no final do trimestre ou até do ano, nos mobilizamos para verificar o que tem dado mais resultado e o que não tem funcionado. Afinal, o que não tem sido efetivo não pode continuar sendo realizado tomando tempo e recursos que poderiam ser direcionados para uma nova tarefa.

Quando descobrimos que as coisas não foram bem, como imaginávamos, passamos a culpar o mercado, a equipe, a economia do país, os nossos superiores, dentre outros. No entanto, dificilmente fazemos uma autocrítica e percebemos que nós fomos a chave para o que ocorreu, seja por omissão ou até por ter tido ação errada, com o foco errado.

É verdade que podem existir fatores externos que colaboraram para que as coisas não saíssem tão bem, porém, como a responsabilidade é sua, não há desculpas que possam justificar a questão. Se os resultados não são satisfatórios, a culpa talvez não seja toda sua, mas você contribuiu, de alguma forma, para que a situação chegasse onde chegou, isso é, você teve alguma participação nisso, mesmo que parcialmente. Mesmo que sua colaboração não tenha sido voluntária, ou seja, se não era isso que você gostaria de ter feito.

Talvez, apesar de todo seu esforço, você tenha atuado de forma amadora e, dentro do mundo corporativo, o amadorismo não tem vez. É a chamada seleção natural, alguns permanecem e crescem enquanto outros simplesmente fracassam.

Quando usamos o termo “amador”, não estamos dizendo que você não teve comprometimento no trabalho, porém, algo indica que faltou, por sua parte, uma atuação mais profissional.

Imagine um investidor que pega uma determinada quantia e investe em uma carteira de 100 empresas. Ele faz isso e espera até o final do ano para saber se teve algum lucro. Esse é um investidor amador. O investidor profissional observa, estuda detalhadamente cada opção disponível, analisa as tendências atuais, avalia probabilidades e, de forma planejada, distribui seu dinheiro em aplicações diversas. Ele acompanha diariamente o andamento de suas decisões, faz manobras de realocação e está sempre atento às variáveis que determinam o mercado. Alguns chegam a lucrar muito, até em épocas de crise.

A minha intenção nesse livro é lhe dar aportes para que você seja um profissional, como no exemplo citado acima, ao invés de agir como um amador e fracassar frente aos outros. Portanto, talvez seja a hora de você analisar de forma mais criteriosa o que tem executado e qual o impacto dessas ações nos resultados obtidos em seu indicador principal, aquele que tem prioridade máxima para a empresa.

Para exemplificar, vamos falar sobre a Daniela, uma executiva da área de vendas, que responde como subordinada para o nosso amigo Bruno, citado acima, e que já fez treinamento comigo. Ela tem uma série de atividades e responsabilidades próprias de seu cargo, porém, algumas dessas tarefas possuem mais chance de causar impacto no indicador principal dela que, neste caso, é seu volume de vendas.

Em sua lista de funções, Daniela têm as seguintes atividades: participar de eventos para gerar *leads*; aumentar seu *networking*; fazer ligações para agendar visitas; ir até o cliente e converter a visita em vendas; atualizar o sistema interno de Gestão e Relacionamento com o Cliente (CRM); elaborar propostas estrategicamente aderentes às necessidades de potenciais clientes; acompanhar a entrega do serviço; ligar para medir a satisfação dos clientes no pós-atendimento; dentre outras ações que podem tornar Daniela mais efetiva.

Todas as funções de Daniela são importantes, certo? Porém, dentre elas, existem algumas que podem causar um maior impacto, de forma efetiva, no indicador principal de seu setor.

Vamos analisar o rol de atividades que a Daniela listou de acordo com três possibilidades de resultados nas categorias A, B e C:

A – Atividade com alta probabilidade de impactar o indicador principal.

B – Atividade com boa probabilidade de impactar o indicador principal.

C – Atividade que ajuda a cuidar do setor, porém, não possui probabilidade direta de impactar significativamente o indicador principal.

Diante da descrição das três definições acima citadas, veremos agora como a executiva classificou cada uma de suas tarefas na empresa em que trabalha, como mostra a figura 5:

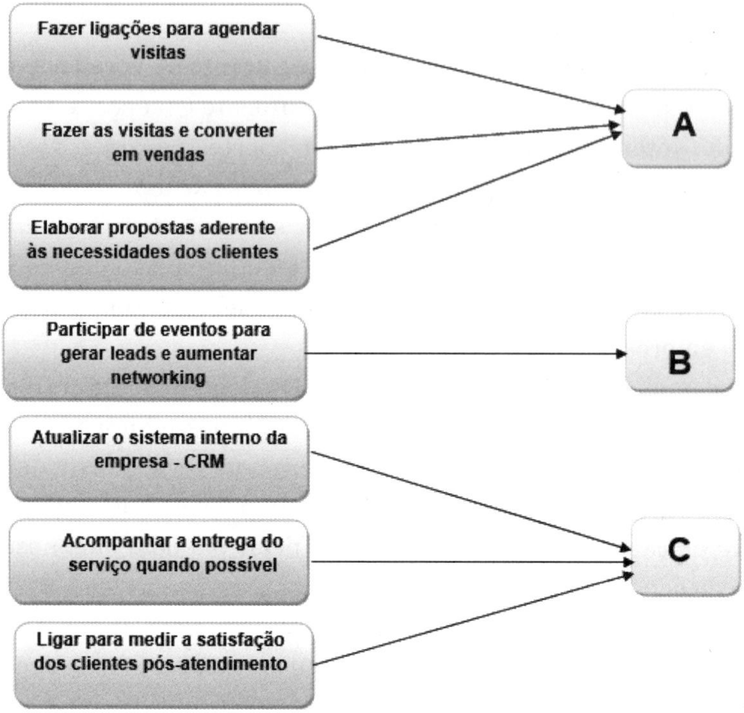

Figura 5 – Classificação de tarefas na empresa

Diante do exemplo da Daniela, você deve fazer o mesmo procedimento a fim de classificar as suas atividades e responsabilidades dentro da escala A, B, C. Antes disso, não se esqueça de estabelecer o seu indicador principal, o resultado no campo pelo qual você é mais cobrado.

É bem provável que, durante o exercício, você tenha começado a perceber que tem dedicado muita energia e atenção à tarefas/responsabilidades que não são de grande impacto para o seu indicador principal nesse momento, ainda que você não tenha se detido a pensar tanto em como ser ainda mais efetivo nas atividades de impacto A. Veja, é essencial pensar em formas DIFERENTES de ser AINDA mais EFETIVO nas atividades de impacto A. Não estamos dizendo que você não se dedica a elas ou que não gasta tempo nelas, mas, talvez, não tenha, de fato, se dedicado significativamente em como ser ainda melhor, independentemente dos resultados.

A ideia não é abandonar ou ser menos efetivo nas atividades de impacto B ou C, até porque elas devem impactar em outros indicadores, mas ser ainda MAIS efetivo nas atividades de impacto A. Ainda mais, de forma a alcançar melhores resultados.

Portanto, deixe a preguiça de lado, pegue um papel e comece a aplicar esse método da escala de impacto. Eu sempre faço uso dele em meus treinamentos e as respostas clareiam muito a visão dos líderes e executivos com os quais trabalho e, digo mais, todos ficam extremamente surpresos com a falta de dedicação e empenho nas atividades de mais impacto ou percebem que estão se empenhando menos do que deveriam para atingir resultados acima da média.

A realização do exercício o ajudará a redirecionar melhor sua energia e sua criatividade daqui para frente. Isso lhe auxiliará a focar nas tarefas de maior impacto a fim de descobrir novas formas de ser ainda mais efetivo e alavancar o índice de resultados do seu indicador principal em um tempo menor.

Quando chegar à fase de classificar suas atividades, mentalize uma régua imaginária que vai de 0% a 100% de potência. Agora reflita sobre o quanto você tem conseguido ser, de fato, efetivo em cada uma das ocupações que listou, lembrando que efetividade é fazer algo com máxima potência e atingir um resultado extraordinário, no menor tempo possível.

O 100% é o grau máximo de perfeição com a qual aquela atividade pode ser feita e o 0% é quando você se dá conta de que não tem feito nada ou, que as ações que executou, não estão gerando o resultado esperado. Entre 0 e 100, temos outras 99 opções para analisar.

Por exemplo: você deveria fazer reuniões de alinhamento de projeto semanalmente para motivar e engajar sua equipe, porém, não está conseguindo as realizar. Então, nesse indicador, o grau de efetividade da sua régua imaginária é zero. Ou, em outro cenário, vamos supor que você até faça essas reuniões, porém, elas não estão atingindo o resultado que você gostaria. Mais uma vez, aqui, o grau dessa tarefa se mantém no zero da sua régua imaginária.

No entanto, se você estiver obtendo 30% de resultados, comece a se perguntar qual é o nível de efetividade que você está tendo ao realizar essas reuniões de equipe. E, principalmente, comece a se questionar como você pode auxiliar a sua equipe a quebrar paradigmas.

Faça essa análise com cada uma das atividades ou responsabilidades inerentes ao seu cargo ou função. No final, você obterá uma média que apontará o seu índice de efetividade atual e o quanto ele poderia melhorar.

Esse resultado (média da sua efetividade atual), não determina se você está acima ou abaixo da sua meta ou indicador – quer tenha sido definido pela empresa ou por você mesmo. Ele vai nos mostrar que o resultado obtido está intimamente relacionado com o grau de efetividade com o qual você tem realizado as suas funções, isto é, como você vinha agindo até hoje e, como pode agir de agora em diante.

O mais curioso é que 99,9% dos resultados apontam que existe um espaço de crescimento de cerca de 50% na régua da efetividade ainda a ser alcançado pelos executivos.

Você já imaginou qual impacto seu setor ou a sua empresa teria se você conseguisse ser 50% mais efetivo? Pelo menos nas atividades de ALTO IMPACTO no seu indicador de performance principal. Já parou para refletir sobre o que aconteceria se a sua equipe conseguisse ser 50% mais efetiva também?

Delírio? Não! Isso é totalmente possível e eu já vi acontecer em grandes corporações por onde passei aplicando o nosso método *High Performance Executive* - em 30 dias apenas.

Conforme citei no capítulo anterior, existe a regra matemática dos 80/20. Ela é, na verdade, fundamentada no princípio de Pareto. Vilfredo Pareto foi um economista italiano que criou a seguinte teoria: 80% das consequências em relação a algo advêm de 20% das causas.

De acordo com Pareto: 80% da riqueza mundial circula pelas mãos de 20% das pessoas; assim como, 80% da receita de uma empresa provém de 20% dos clientes.

Dentro do nosso contexto, poderíamos dizer que 20% da nossa energia/ ações empregadas podem gerar 80% dos nossos resultados/ indicadores principais; enquanto isso, os outros 80% das nossas energias/ações empregadas, em tese, podem gerar os outros 20%, atingindo assim os 100% dos resultados que temos hoje.

Vamos fazer uma pequena simulação: imagine a quantidade de horas que um executivo gasta diariamente. Hipoteticamente, ele passa 2 horas no trânsito; 2 horas repartidas entre almoço, cafezinho e lanche; 1 hora com atividades extras como higiene pessoal, bate papo, distrações, telefonemas e atividades pessoais.

Além disso, somamos agora a quantidade de horas em que ele realmente trabalha. Vamos supor que sejam cerca de 10 horas por dia. Fechando a conta, temos um total de 15 horas fora de casa, em atividades, direta ou indiretamente, ligadas ao trabalho.

Dessas 10 horas trabalhadas, de acordo com o princípio de Pareto, é possível afirmar que de 100% dos resultados que ele tem hoje, 80% são provenientes dos 20% da energia empregada; e o restante dos 20%, provenientes dos outros 80% de energia empregada, ou seja, em resumo, dentro desse raciocínio, 80% dos resultados estão sendo alcançados, diariamente, com apenas 2 horas efetivas de trabalho.

Então, você me pergunta: "Mas, André, as outras 8 horas de trabalho não servem para nada?". Sim, servem! Elas complementam os resultados. O que acontece é que cada hora investida em atividades de Alto Impacto parecem gerar 40% dos resultados (claro que isso só é perceptível em médio prazo, como um trimestre, semestre ou em um ano). E cada hora investida em atividades de baixo impacto, rende ou contribui com apenas 2,5% do resultado.

Agora, eu pergunto: essa pessoa que passa 15 horas do dia fora de casa tem tempo para aproveitar com a família? Tem tempo para ir à academia ou cultivar algum tipo de *hobby*? É lógico que não!

Alguns executivos ficam perplexos ao terminar essa etapa do treinamento. Muitos sentem na pele o exemplo citado acima. Eles se surpreendem ao notar que estão investindo pouca energia nas atividades de alto impacto e, após o exercício, tiveram sua "lente de visão" reajustada, ativando o foco para enxergar as coisas com mais clareza.

Em muitos momentos desses, as pessoas interrompem o treinamento para perguntar: "Você está dizendo que devo parar de fazer as tarefas de baixo impacto?". Não! De forma alguma!

Temos muito mais energia do que utilizamos em nosso dia a dia, ou seja, existe uma reserva de energia que você pode começar a imprimir nas suas ações. Antes, você não sabia onde a depositar, mas, agora, após o exercício da régua de efetividade e impacto, fica mais fácil.

O segredo é cumprir com todas as atividades da sua lista, porém, investindo mais energia e criatividade nas atividades de Alto Impacto e menos energia nas atividades de Baixo Impacto. Essa fórmula lhe levará a ter mais e melhores resultados, em menos tempo. Mas apenas se você começar agora e, literalmente, deixar de perder tempo.

Portanto, faça um esforço e comece a promover uma mudança na sua forma de agir, na sua maneira de focar e de se engajar. Calcule, previamente, a quantidade de energia que depositará em cada atividade tendo consciência do nível de importância que ela tem dentro do seu indicador principal. Monte uma nova estratégia de atuação a partir da construção de um mapa de efetividade e, assim, você verá com clareza as oportunidades de crescimento que tem pela frente.

Agora, pense no que você pode começar a fazer de diferente, por menos que seja, para gerar alguma mudança em sua rotina de trabalho. Defina uma meta a ser atingida em, no máximo, sete dias e qual o impacto que espera ter em seu indicador principal.

É bem provável que as coisas comecem a mudar, se nada mudar, mude novamente você e suas ações, a fim de chegar a um resultado melhor e mais rápido, com o propósito de ser mais efetivo. Garanto que quando os resultados melhorarem e as metas forem batidas antes do tempo, você se sentirá muito mais confortável e feliz. Confie e vá em frente.

Talvez você esteja chegando ao fim desse capítulo com uma pergunta em mente: "se eu fizer tudo isso, será que daria certo?". Se esse for seu caso, seu foco ainda não está bem ajustado, pois a pergunta correta deveria ser: "vale a pena eu tentar algo novo?".

CEO DA BIOCLIN-QUIBASA

"A gestão da empresa sempre foi um desafio. Fazer uma mudança radical, tanto de concepção quanto de ação, pode ser uma construção lenta para algumas pessoas."

Victor Jr.

DADOS BIOGRÁFICOS

Victor Arndt Júnior nasceu em 04 de março de 1968, na cidade de Belo Horizonte-MG. É filho dos professores Victor Arndt e Marilda W. Arndt. Percebeu, desde muito pequeno, a importância do espírito empreendedor e se voltou para a busca da satisfação em trabalhar na atividade da qual se gosta para, consequentemente, tornar-se bem-sucedido em sua profissão.

Formou-se em 1996 em Administração pelo Centro Universitário UNA campus Belo Horizonte, seu interesse pela administração teve início no momento em que passou a trabalhar com a empresa da família, foi assim que percebeu a importância de uma boa gestão, em todos os setores, de forma a tornar a organização mais efetiva e competitiva no mercado.

Além de atuar como CEO da empresa Bioclin-Quibasa, Victor Jr. é casado com Fernanda Gama Arndt, com quem têm dois filhos, Felipe Gama Arndt e Carolina Gama Arndt. Seu amor e apreço pela família se originam na sua própria trajetória familiar, já que seus pais, Victor Arndt e Marilda W. Arndt, sempre buscaram manter a união e a valorização da família.

TRAJETÓRIA PROFISSIONAL

A Bioclin-Quibasa é uma indústria mineira focada na produção e desenvolvimento de kits de diagnósticos para laboratório de análises clínicas. Fundada em janeiro de 1977 pelo professor Dr. Victor Arndt, PhD em Química Orgânica pela Universidade de Munique na Alemanha e, na época, vinculado ao Departamento de Química da Universidade Federal de Minas Gerais (UFMG), e por sua esposa Marilda Wandalsen Arndt, Professora de Biologia.

Em 1975, quando os fundadores da Bioclin-Quibasa estavam na Alemanha, visitaram uma grande empresa de produtos químicos, cujo primeiro local de funcionamento havia sido um barracão de meia água erguido no final do século XIX e, ao conhecerem essa história, se sentiram motivados a começar seu próprio negócio no Brasil, foi dessa experiência que veio a inspiração para a possível criação de uma empresa. Porém, quando retornaram ao país, se depararam em meio à crise do petróleo e, diante desse cenário, começaram a pesquisar sobre qual tipo de negócio poderiam iniciar. Concluíram que poderia ser uma empresa na área da saúde ou da alimentação, acreditando que esses nichos supririam as necessidades da época e teriam mercado depois da crise.

A partir daí, começaram a analisar as tecnologias disponíveis no Brasil e entender com quais delas poderiam começar a trabalhar. Após diversos exames, optaram por desenvolver produtos para análises clínicas, pois possuíam alguns contatos na universidade e eles poderiam ser de grande importância no desenvolvimento do negócio.

Convictos de suas vocações como professores, e ainda incertos sobre como serem empreendedores, decidiram ir devagar, aprendendo aos poucos, como gerir um negócio. Observando o grande potencial de crescimento da Bioclin-Quibasa, o Prof. Victor percebeu a necessidade de estar mais presente na empresa, por esse motivo, decidiu se aposentar como professor da UFMG.

A construção da Bioclin-Quibasa foi toda feita com financiamento próprio, a partir das reservas de dinheiro do casal e, mesmo assim, muitas vezes tiveram que sustentar a empresa com sua renda mensal como professores.

De acordo com Marilda W. Arndt, ela e seu esposo tinham o sonho de atuarem como pesquisadores, mas, na década de 1960, enquanto ainda eram professores universitários, perceberam que o governo iniciava um processo de desmonte da infraestrutura de pesquisa. Esse foi um dos fatores importantes para o início da Bioclin-Quibasa, desestimulados com a carreira que planejavam, se sentiram incentivados a empreender.

Mesmo sem muito conhecimento sobre como gerir uma empresa, tinham em mente que não podiam se endividar além do patrimônio que possuíam, só poderiam ter dívidas que pudessem pagar, essa é uma cultura presente até hoje na Bioclin-Quibasa. Outro ponto muito importante foi a constante participação dos filhos nos eventos empresariais. Sílvio, Andrea e Victor Jr., desde estudantes, ajudavam com pequenas funções durante suas férias ou nos grandes feriados. Esse envolvimento com as atividades corporativas permitiu a eles, quando adolescentes, tomar conta da empresa por curtos períodos, quando os pais precisavam viajar, por exemplo. O intuito era possibilitar e viabilizar a eles o cuidado da empresa no futuro.

O trabalho familiar faz parte da trajetória da Bioclin-Quibasa, como explica Sílvio Arndt, ao comentar que, durante o seu curso na Faculdade, buscou estudar todas as matérias relacionadas com a empresa, desde a área de bioquímica até a industrial, com a intenção de adaptar a Bioclin-Quibasa para fabricação de kits de Diagnóstico *in Vitro* (IVD), mas, foi somente em 1989, quando se formou e deu início às suas atividades laborais na Bioclin-Quibasa, atuando como gerente de produção, que ele passou a ter noção exata do que era a Bioclin-Quibasa e tudo o que a empresa seria capaz de realizar.

Sobre minha trajetória profissional: comecei a trabalhar na Bioclin-Quibasa com 13 anos, já passei por quase todos os departamentos, com exceção do de produção, por isso, conheço todos os processos administrativos da companhia. Meu ingresso coincidiu com o início do processo de desenvolvimento da empresa, que foi acompanhado por novos desafios.

Focados na necessidade de crescimento, os gestores da empresa foram investindo em novas tecnologias e, em 1989, começaram a trabalhar com produtos enzimáticos – uma técnica cara e de difícil aceitação no mercado. No mesmo período iniciaram a procura por novos mercados na América do Sul, visando vender esses produtos, porém não contavam com o grande preconceito encontrado dentro e fora do Brasil.

Quando essas atividades foram iniciadas, passamos por um período desanimador: ninguém queria comprar de uma empresa nova e o nome do produto brasileiro não tinha a credibilidade hoje apresentada no mercado exterior. No Brasil também enfrentávamos preconceito, porque era cultural do mercado interno considerar que os produtos importados tivessem melhor qualidade. A desconfiança era grande e, por isso, muitas vezes o produto nacional era desprezado, principalmente aqueles produzidos por químicos e bioquímicos pois, naquela época, quem dominava a área do diagnóstico *in vitro* eram os médicos e os grandes laboratórios.

O prof. Victor e seus filhos, Sílvio e Victor Júnior, trabalharam durante 13 anos na Bioclin-Quibasa até a atual diretora, Marilda, se juntar a eles novamente. Apenas em 1994, após se aposentar como professora, ela retornou à administração empresarial, da qual havia se mantido afastada até então.

Marilda aponta duas razões como base de sua decisão em voltar para a Bioclin-Quibasa: 1. Toda a documentação da empresa exigia sua assinatura, gerando a necessidade constante de sua presença. 2. Sílvio e Victor Júnior, também atuantes na empresa, queriam mudanças, mas o prof. Victor, seu marido, demonstrava-se um pouco reticente quanto a elas. Marilda era quem exercia maior influência sobre Victor e, assim, os filhos solicitaram a sua ajuda, buscando uma flexibilização da empresa e uma maior abertura para mudanças.

Com o retorno de Marilda para empresa, os colaboradores se sentiram receosos e, inclusive, por vezes ocorreram boicotes. Foi necessário trabalhar junto com a equipe para superar esse processo de rejeição, pois Marilda tinha voltado para ficar. Com determinação e competência, junto aos filhos, houve a possibilidade de mudanças e novos caminhos para a gestão.

Considero relevante apontar, sobre essa vivência, que minha mãe teve suas idas e vindas na empresa. No entanto, em um dado momento, eu e Sílvio percebemos a necessidade de ter ajuda na parte administrativa e, assim falamos: "não mãe, você tem que vir para cá, para ajudar a gente também". Em seu retorno, em 1994, nós a apoiamos e ela nos ajudou a fazer a empresa se desenvolver. Foi a partir dessa decisão que a empresa começou, efetivamente, a crescer.

NOSSOS DESAFIOS

A gestão da empresa sempre foi um desafio. Fazer uma mudança radical, tanto de concepção quanto de ação, pode ser uma construção lenta para algumas pessoas. Para Marilda e Victor foi, certamente, um processo trabalhoso, pois o modo como concebiam as coisas teve que mudar e, além disso, precisaram aprender coisas novas sobre o assunto. Todos esses fatores geravam um desafio a ser superado no ambiente organizacional da Bioclin-Quibasa.

Como todos os sócios tinham apenas a visão de professores ou de pesquisadores, mas não de gestores, vencer os desafios de administração, buscando novos aprendizados e novos caminhos a serem percorridos, foi uma conquista alcançada aos poucos e se apresentou extremamente difícil. Dentro da universidade também existia um grande preconceito contra o empreendedor, sair e ganhar dinheiro com tecnologia não era uma ação vista com simpatia no meio acadêmico. No entanto, segundo a própria Marilda, essa realidade mudou e, atualmente, ser empreendedor gera um valor reconhecido, o que não ocorria antigamente.

Segundo Sílvio: "Aprender a lidar com as coisas e aprender a solucionar problemas foi o maior desafio. No processo de gestão, a principal atividade é ser um solucionador dos problemas encontrados no dia a dia, é procurar direcionar as atividades para o melhor caminho."

De modo específico, acredito que, por volta de 1996, encontrei o maior desafio da minha carreira, pois tivemos que reinventar todo o nosso processo de vendas. A empresa atuava sem ter um departamento comercial organizado e, por isso, a reestruturação foi necessária, iniciamos esse departamento praticamente do zero.

LIDERANÇA E INOVAÇÃO

A empresa aderiu a um novo tipo de gestão no início dos anos 2000, com a ISO 9001. Esse foi um passo importante e decisivo para o alcance da qualidade apresentada atualmente. Essa nova metodologia ensinou um processo de gestão, de controle e de qualidade dos produtos, melhor e mais eficaz. Mas, ainda assim, foram necessários mais 10 anos de amadurecimento e aplicação das diretrizes da ISO para conseguirmos iniciar a implantação de um *Enterprise Resource Planning* (ERP) que constituísse um sistema capaz de ajudar na gestão da empresa e nos auxiliasse a montar o primeiro planejamento estratégico da Bioclin-Quibasa, com dados inquestionáveis. A partir desse momento, a empresa começou a apresentar um crescimento acentuado, já estando bastante madura quanto a fabricação e a gestão, focando, a todo momento, no aperfeiçoamento contínuo.

A escolha do atual ERP da empresa foi motivada por esse foco, a organização em questão se dispôs a ajudar na complementação das tarefas que a Bioclin-Quibasa precisava, enquanto suas concorrentes tinham apenas pacotes prontos e não atendiam os parâmetros que procurávamos para o crescimento de nossa empresa. Isso ajudou muito o desenvolvimento da Bioclin-Quibasa, pois uma das nossas maiores dificuldades era a administração dos custos causados pela grande complexidade de todo processo de produção, desde a fabricação de um produto, até sua disponibilidade na prateleira.

A Bioclin-Quibasa deu um salto qualitativo depois do contrato firmado com o Sankhya[23], passamos a ficar mais conscientes de todo nosso mecanismo, desde medir nossa lucratividade até ter uma gestão mais eficiente, isso ocorreu em 2010. Nós começamos a ter, na tela do computador, os dados reais sobre o quanto do que produzíamos era lucratividade, o que era custo fixo e o que era margem de contribuição. Isso, anteriormente, era feito no *feeling*, a gente não sabia se, realmente, estávamos indo bem ou não, isto é, não tínhamos a clareza do custo e lucratividade de nossos produtos.

Começamos a ter uma projeção da parte financeira em relação as contas a receber e a pagar. Atualmente, nós já temos um processo bem maduro, com várias medidas em relação aos Recursos Humanos (R.H.), ao Departamento Pessoal, as metas, aos incentivos e isso tudo é controlado por meio do Gerenciamento por Diretrizes (G.P.D.) na Sankhya.

Para alcançarmos o sucesso da empresa, tínhamos a consciência de que a liderança devia estar aberta para mudanças, para as novas tecnologias disponíveis e, além disso, precisava ter uma visão humana, entendendo que o crescimento não acontece sozinho, mas sim em equipe.

Segundo afirma Marilda: "Um dos principais papéis da liderança é ser coerente com aquilo que se promete, é o de ser justo com as pessoas. É, também, reconhecer as dificuldades e as diferenças dos colaboradores e saber levar em conta o perfil do funcionário como fator importante para seu aprendizado e adaptação".

O líder precisa ser como um guia, pois, desse modo, todos crescem juntos. Acredito que o líder seja aquele que está próximo de sua equipe, ajudando,

---

23 Empresa que atua em todo o mercado nacional desde 1989, a Sankhya Gestão de Negócios é uma das maiores empresas provedoras de soluções integradas de gestão corporativa (ERP) do Brasil.

orientando, indicando um caminho possível de execução e fazendo com que as pessoas cresçam. Aquela figura antiga de um chefe, cobrando, brigando e colocando metas a serem cumpridas sem que ele em nada contribua nem com o processo e nem com seus colaboradores, não encontra mais espaço hoje.

Nesse contexto, a gestão e a liderança estão conectadas ao compartilhamento das decisões com o colaborador. Não adianta em nada falarmos para o funcionário: "faça isso e aquilo pois você tem que bater a meta", é muito mais efetivo conversar com ele e expor o nosso objetivo. Monte um plano de negócio e faça com que aquilo aconteça, simplesmente chegar e dar uma ordem não funciona.

No entendimento de Sílvio, pode-se conceber que: "Liderança é trabalhar em conjunto com as pessoas, vestindo a mesma camisa, vendo os mesmos ideais. O líder não deve ser apenas o coordenador, ele deve guiar a equipe, passar um objetivo para a realização do trabalho. Não é aquela figura cujas ordens devam ser executadas, acatadas e obedecidas sem questionamento, mas é, antes, aquela pessoa que incentiva, que dá diretrizes, que faz os outros crescerem e lutarem pelos mesmos objetivos."

Para essa liderança ter capacidade transformadora e positiva na empresa, o planejamento é importante. Essa é uma das questões mais mutáveis em uma empresa, principalmente, por possuir diversos fatores envolvidos, tais como, as condições climáticas, as questões políticas e as oscilações econômicas, modificando muitas vezes o planejamento inicial.

Sobre as inovações, Marilda pontua que: "As coisas mudam muito facilmente e, quando vistas de longe, podem ser muito diferentes daquilo que supomos. Costumo brincar com a turma e falar que nos depararmos com uma coisa nova, é como vermos um lago: Olhamos a água transparente, testamos sua qualidade, seu teor de minerais, se tem bactérias, vemos os peixinhos nadando, mas, quando mergulhamos de cabeça, encontramos um tubarão lá em baixo com a bocarra escancarada de um tamanho inimaginável e inesperado".

Assim, considero que a inovação tem relação com o processo de adaptação da empresa e é fundamental, pois, por intermédio dela, é possível realizar um planejamento de médio e longo prazo, possibilitando uma execução qualificada, bem como, por meio dela, são alcançados quadros favoráveis na empresa.

EXECUÇÃO E CONTROLE

A necessidade de adaptação, a partir das mudanças no ambiente organizacional e no mercado, também é sentida na execução, isso porque, a todo momento, estão chegando novas tecnologias capazes de tornar o processo mais qualificado e confiável.

Considero a execução como uma etapa que necessita continuamente de revisão, pois ao pôr o planejamento em execução, percebe-se a inviabilidade das ideias e sugestões, ou, então, notam-se determinados obstáculos não previstos anteriormente e, portanto, precisaremos de novas análises, controle e mudanças.

Esse processo contínuo em busca pela inovação, por trabalhar a execução e o controle segundo as mudanças tecnológicas e de mercado são aspectos que, de acordo com Sílvio, estão "na alma da Bioclin-Quibasa". Embora a empresa ainda produza os 17 produtos criados no início de suas atividades, eles evoluíram, possuem novas formulações e metodologias de produção diferentes, procuramos inovar constantemente por meio de pesquisas. Acreditamos que se a empresa não evoluir, está fadada ao fracasso.

Ainda pontua Sílvio que: "Os processos no mundo hoje são tão rápidos, a evolução é tão ágil que a ideia obtida hoje, amanhã pode não ser a mesma disponível ou desejada pelo mercado".

PERMANÊNCIA NO MERCADO E DIFERENCIAIS DA EMPRESA

A Bioclin-Quibasa tem focado no desenvolvimento contínuo e no aprimoramento tecnológico. Atualmente, a empresa conta com uma equipe de pesquisa composta por colaboradores altamente capacitados como mestres e doutores, dedicados a melhoria e ao desenvolvimento de novos produtos e tecnologias. Esse é um dos principais fatores da nossa rápida adaptação durante a pandemia da COVID-19, pois já tínhamos toda a tecnologia desenvolvida.

A empresa tem parcerias com diversas instituições de pesquisas, públicas e privadas, em todo o país e no exterior. Visamos o aperfeiçoamento tecnológico para melhoria e o desenvolvimento de novos kits, ou seja, nossa permanência e competitividade no mercado tem relação com nossa dinâmica e investimentos em novas tecnologias.

Durante toda a sua existência e atuação no mercado, a Bioclin-Quibasa vem se estruturando de forma a ser uma das melhores escolhas no setor de diagnósticos para a saúde. Isso ocorre pela forma de atuação da gestão na empresa, trabalhando positiva e responsavelmente nas certificações, no controle contínuo dos processos, gerando maior nível de qualidade, no atendimento personalizado e no alto investimento em inovação tecnológica, possibilitando que os produtos da Bioclin-Quibasa continuem com a missão de contribuir para a melhoria da saúde, fornecendo soluções em diagnóstico com qualidade, confiabilidade, sustentabilidade e perpetuando a marca no mercado.

A competitividade e permanência de nossa companhia no mercado tem relação com a execução de todas as nossas atividades de forma qualitativa, cabendo aos líderes prestar atenção em todos os ângulos da empresa. Isso, segundo Marilda, significa olhar a organização "de dentro e de fora, com uma visão de 360 graus, pois, para que se possa acertar, é importante estar aberto a novas ideias, as pessoas têm ideias diferentes e, escuta-las é muito importante para decidir como fazer e escolher a melhor opção".

De acordo com Sílvio: "A teoria é super importante, mas a persistência em chegar em algum lugar é muito mais. Hoje vejo o pessoal querendo muita agilidade e rapidez, querendo pular etapas, não ganhar com aprendizado, achando que tudo é muito moroso. Não se quer andar, quer-se pular, correr para chegar lá, e assim que se chega, quer-se ainda mais. Nesse processo, coisas importantes são deixadas para trás". E complementa: "Acho que a chave de tudo é ter uma visão de longo prazo. Não tente dar uma solução imediatista para poder acertar, para que isso te leve, imediatamente, ao topo da carreira, essa é a visão de muitos brasileiros. A Bioclin-Quibasa tem '30 e poucos anos' e ainda não chegou onde eu almejo, a gente precisa ter uma resiliência e persistência sempre maiores".

CAPÍTULO 5
SER AINDA MAIS COMPETENTE, ONDE TENHO QUE SER MAIS COMPETENTE

"É um investimento que você aplica no trabalho, na vida pessoal, com liderados, com amigos para os ajudar a serem pessoas melhores quando se diz respeito ao rendimento".

Ricardo Carlevaro (Gerente de Operações - Bosch Rexroth)

Passamos agora a uma nova etapa de aprendizagem. Vamos falar sobre competência. Segundo a definição que usamos nos treinamentos da Netprofit Company: "Competência é a capacidade que um indivíduo ou que uma instituição tem para resolver qualquer problema ou atingir um resultado, baseado nas atitudes/comportamentos, conhecimentos e habilidades que possui".

Ao tratar do conceito de competência concordamos com o entendimento de Fleury e Fleury[24] de que:

> [...], o conceito de competência é pensado como conjunto de conhecimentos, habilidades e atitudes (isto é, conjunto de capacidades humanas) que justificam um alto desempenho, acreditando-se que os melhores desempenhos estão fundamentados na inteligência e personalidade das pessoas. Em outras palavras, a competência é percebida como estoque de recursos, que o indivíduo detém.

Como podemos observar, o conceito de competência de Fleury e Fleury é similar ao da Netprofit, pois trata da capacidade do indivíduo em desenvolver atividades e atingir resultados.

Se você fez os exercícios propostos anteriormente, acredito que já tenha percebido inúmeras áreas de atuação nas quais você precisa ser ainda mais efetivo se quiser atingir resultados expressivos.

Estou falando de pontos que demandam mais energia, atenção e, especialmente, disciplina. Se você estiver zelando constantemente por essas qualidades, suas ações causarão, com certeza, um impacto bem maior e mais positivo nos seus resultados.

Nos capítulos anteriores, nós descobrimos que "partir para a ação", ou seja, "fazer", é uma atitude de extrema importância. Porém, simplesmente fazer talvez não seja suficiente. É preciso que esse "fazer" seja envolvido com resultados exponenciais.

O que estou querendo dizer é: não basta "fazer", é preciso "fazer com a máxima competência", tendo como foco não apenas os resultados, mas resultados excelentes. Quando as pessoas entendem o significado disso, percebem a enorme diferença existente entre uma coisa e outra.

Para exemplificar, vou contar um caso que aconteceu dentro da Netprofit,

---

24 FLEURY, Maria Tereza Leme; FLEURY, Afonso. Construindo o conceito de competência. **RAC.** Edição Especial. p. 183-196, 2001, p. 185.

a minha empresa. Há alguns anos, nós contratamos duas moças para trabalhar com televendas em um setor que chamávamos de "Central de Oportunidades". A missão das novas funcionárias, Ana Beatriz e Inês, era criar oportunidades de visita ao cliente. Quando o encontro era agendado, um dos nossos consultores era automaticamente designado para a tarefa em questão.

As atendentes contratadas passaram por um processo de treinamento interno e atuaram em seus cargos durante três semanas. Decidimos, então, fazer uma avaliação do desempenho/performance de cada uma delas e percebemos que as duas haviam obtido o mesmo resultado: 5 visitas agendadas por semana. Diante dos relatórios, decidi acompanhar de perto a maneira como cada uma atuava em suas funções.

Descobri que Ana Beatriz conseguia contatar mais de 500 empresas em dois dias de trabalho. Enquanto Inês não atingia nem a metade desse número de ligações no mesmo período.

Ana Beatriz era uma "máquina de ligações" constante. Não parava um segundo de telefonar para uma série de clientes e corporações. Sempre focada em dar conta da lista que tinha para quitar.

Já Inês era um pouco mais dispersa. Ela fazia várias outras coisas de menor impacto no resultado dos agendamentos, como, por exemplo: arrumar a mesa de trabalho, publicar frases motivacionais nas redes sociais, pesquisar dados sobre nossos concorrentes, dentre outras coisas.

A moça não colocava muita energia na tarefa de fazer as ligações, que era uma atividade chave (seu indicador principal). Telefonar era uma ação de altíssimo impacto na função que exercia, mas Inês não focava toda sua energia nisso. Porém, observei que mesmo colocando menos energia na tarefa dos telefonemas, ela acabava compensando isso, por possuir algumas competências essenciais exigidas para aquela atividade, ela contrabalançava isso de algum modo.

Inês tinha habilidades e conhecimentos específicos fundamentais para aquela atuação. Constatei que, enquanto Ana Beatriz dava 20 telefonemas para conseguir um agendamento, Inês discava para apenas 10 empresas e conseguia o mesmo resultado.

Isso me fez considerar que uma possuía um índice de conversão 2 vezes maior do que o da outra. Isso acontecia porque Inês se comunicava melhor, tinha persuasão no discurso, estabelecia um relacionamento de interatividade e simpatia com o cliente e levava a vantagem de conhecer mais, por ter estudado nossos produtos.

Inês entendia as "dores" dos clientes, os seus principais problemas e, tendo isso em mente, usava argumentos que convenciam mais as pessoas.

Depois dessa análise, meu desejo era pegar o que havia de melhor em cada uma delas e montar a colaboradora perfeita! Talvez, muitos gestores já tenham tido esse mesmo desejo. Somar a potência de energia máxima numa atividade de alto impacto (o foco e a rapidez de Ana Beatriz) com as competências essenciais (as habilidades e os conhecimentos de Inês).

Se isso fosse possível, eu teria uma prospectora imbatível, que ligaria para 20 empresas e agendaria com duas por dia. Ou seja, não precisaria contratar duas colaboradoras, mas apenas uma e isso me geraria o mesmo resultado, o que, por sua vez, reduziria meu custo pela metade e todos sairiam ganhando! A prospectora, que ganharia mais, visto que parte do salário advém das comissões e a empresa, que arcaria com um custo fixo menor. Esse é um exemplo simples do que chamamos de uma performance 100% maior que o padrão.

Pois bem, agora eu lhe pergunto: você acha que isso é possível? Em princípio, poderíamos pensar que não, afinal, sabemos que as pessoas têm características diferentes umas das outras. Além disso, os talentos que cada um possui são diferentes.

Pensando de forma mais clara: Será que é isso mesmo? Seria impossível intervir nessas variáveis? Minha experiência diz que sim. Há alguns capítulos, nós vimos que qualquer pessoa pode ter atitude, mas tudo vai depender do potencial que ela emprega na ação que está executando.

Nesse sentido, posso afirmar que nossos colaboradores são sempre capazes de manifestar uma maior persistência, mais perseverança e determinação. Para isso, basta que eles aprendam a gostar do que fazem, ou seja, atitude é uma variável que podemos desenvolver dentro de uma equipe, porém individualmente, se investirmos no relacionamento com os nossos liderados.

Reafirmo aqui que a diferença pode ser a liderança, pois, como aponta Lessa[25], o líder deve ser uma pessoa criativa e capaz de realizar tarefas envolventes e participativas. É por meio de uma boa liderança que a organização consegue atingir os objetivos almejados, tornando-se competitiva no mercado em que atua, mesmo diante de sua complexidade e competitividade, pois é a partir dos líderes que os liderados se engajam, comprometem-se com o desen-

---

25 LESSA, Jorge. **Mandar é fácil... difícil é liderar:** o desafio do comando na nova economia. Salvador-Bahia: Casa da Qualidade, 2001.

volvimento de suas atividades e com os resultados alcançados por todo o grupo.

Questiono ainda: e quanto ao conhecimento? Seria possível Ana Beatriz alcançar o nível de conhecimento que Inês demonstrava ter? Bom, essa talvez seja a coisa mais fácil de reverter. Livros, apostilas, cursos, treinamentos... Está tudo aí, basta que as pessoas desejem, de verdade, adquirir uma bagagem maior de conhecimentos.

Com essa rápida retrospectiva do desempenho dessas duas colaboradoras, podemos concluir que "querer fazer" está diretamente relacionado com ATITUDE enquanto que "saber fazer" tem ligação extrema com CONHECIMENTO.

Agora, você me pergunta: "Mas, André, e a habilidade? Onde é que ela entra nessa história?". Pois bem! A habilidade é o diferencial entre quem quer fazer algo e quem, de fato, sabe fazer. Habilidade é: saber fazer bem alguma coisa. Segundo Banov[26], habilidade é a "capacidade de saber fazer, da aplicação técnica da experiência".

Você pode estar aí pensando que, na sua equipe, tem uma série de colaboradores que não possuem talento e são casos perdidos e eu lhe digo o seguinte: tem pessoas que não possuem audição e conseguem dançar por meio da vibração da música propagada no ar, tem gente que não enxerga e consegue ler utilizando o tato ou recursos tecnológicos. Existem seres humanos com duras deficiências, como a falta de um braço ou das pernas e, ainda assim, essas pessoas conseguem fazer coisas incríveis.

Entendo que cada ser humano tem o seu tempo, seus limites e suas dificuldades, porém, é preciso acreditar que todos temos uma grande capacidade de superação. Aqueles que pensam que algo é impossível estão vivendo na paralisia de uma sobrevida. É preciso acordar! E agir! Tornar-se efetivo!

Sei que, dentre milhares de pessoas, algumas vão se destacar como "o número 1" em alguma área de atuação. Sei que nem todos conseguem jogar bola a ponto de se tornarem o novo Ronaldo Fenômeno ou o novo Neymar. Porém, se houve uma dedicação acima do normal, com muita perseverança e persistência, somadas a muitos treinos e práticas quase diárias, é possível ser um bom jogador de futebol. E digo mais: é totalmente viável investir em uma carreira como jogador profissional. Tudo vai depender do seu nível de empenho e engajamento naquilo que deseja adquirir habilidade para executar.

---

26 BANOV, Marcia R. **Recrutamento, seleção e competências.** São Paulo: Atlas, 2010, p. 10.

Agora, façamos o raciocínio contrário. Vamos imaginar que o Neymar tivesse sido criado sem chegar perto de uma bola de futebol. Será que ele seria hoje o grande jogador que decide campeonatos? O craque que faz a diferença dentro de uma equipe?

A resposta é um sonoro NÃO! Por isso, acredite, a prática leva à perfeição. SIM! Nossas habilidades são desenvolvidas por meio de muito investimento nisso. Se você me perguntar quanto tempo isso leva? Bom, para cada um de nós, haverá uma estimativa diferente. Alguns alcançarão mais rapidamente, outros precisarão de mais treinos. Porém, o fato é: tudo é possível de ser alcançado.

Essa lição não vale só para o mundo esportivo, na verdade, você pode se tornar um profissional de vendas brilhante, um gerente comercial de sucesso, ou uma prospectora "número 1". Para isso acontecer, além de tudo que já foi dito, você precisa descobrir quais são as competências que deve desenvolver e como fazer isso a fim de alcançar uma realização profissional de excelência. Você precisa descobrir tudo o que pode fazer para ser efetivo no que executa.

Vamos analisar algumas premissas importantes para começar a falar sobre competências:

1. As suas competências só são manifestadas quando você está em movimento, FAZENDO ALGO! Caso contrário, elas simplesmente inexistem. A competência precisa de ação.
2. Quanto maior o desafio, mais intensamente as suas competências serão recrutadas. Elas funcionam de forma variável, mais ou menos como a escala de volume de um aparelho de som.
3. Quando você decide fazer uma ação, fique certo de que, para isso, um conjunto de competências são manifestadas, e não apenas uma delas. Portanto, considero que são as competências que permitem que cada colaborador desempenhe suas atividades e não somente uma competência isolada.
4. Não caia no erro de tentar desenvolver uma competência por vez, mais sim, um grupo de competências. Aquelas que são específicas e essenciais para realizar a ação, tarefa ou atividade que você pretende executar.

Muitas pessoas me perguntam quais competências elas devem começar a desenvolver inicialmente. Bom, tudo vai depender do indicador principal de cada um, ou seja, daquilo que precisa ser bem realizado com um alto nível de efetividade. Isso significa dizer: você tem que determinar a área de atuação que mais necessita ser melhorada e na qual deverá colocar mais energia. Chamamos isso de Princípio da Especificidade.

Lembram que iniciei o capítulo 4 dizendo que trabalhei com um time de vôlei? Pois então, trabalhando com esporte aprendi o valor do princípio da especificidade, que de acordo com Pereira[27]: "[...] preconiza que os treinamentos devem ser sempre o mais próximo possível da realidade do atleta. Os gestos motores e o sistema energético predominantes devem ser especificamente treinados para a obtenção dos melhores resultados. [...]".

Essa teoria foi amplamente difundida, com a pesquisa científica, dentro do treinamento desportivo. Ela parte da premissa de que um treinamento deve ser montado de acordo com os requisitos específicos da performance esperada, para cada um dos atletas, de forma a tornar efetivo todo o grupo.

Grande parte do trabalho que executo hoje, desenvolvendo o potencial de altos executivos, se baseia em minhas experiências com equipes esportivas e com atletas no geral. O que muda, essencialmente, são as valências físicas (qualidades físicas motoras passíveis de treinamento), tanto para competências pessoais quanto para profissionais (atitudes, habilidades e conhecimento passíveis de treinamento).

Entendemos que o treinamento desportivo, que pode ser aplicado no ambiente das empresas, tem relação com o aprimoramento das capacidades e habilidades das pessoas. Para Roschel et al.[28]:

> O entendimento do termo treinamento é, sem dúvida, bastante amplo, tendo sido empregado nas mais variadas áreas científicas e profissionais. Treinamento é caracterizado como um processo repetitivo e sistemático composto de exercícios progressivos que visam o aperfeiçoamento do desempenho. [...].

27 PEREIRA, Carolina Santos Medeiros. **Síndrome do overtraining.** 2011. 42f. Monografia (Especialização em Treinamento Personalizado e Musculação) – Universidade Católico Salesiano, Lins, São Paulo, Brasil, 2011, p. 13-14.

28 ROSCHEL, Hamilton; TRICOLI, Valmor; UGRINOWITSCH, Carlos. Treinamento físico: considerações práticas e científicas. **Rev. bras. Educ. Fís. Esporte.** São Paulo. 25(esp.):53-65, dez. 2011, p. 53.

Como vimos, o treinamento aplicado tem como primazia o aperfeiçoamento do desempenho do atleta/colaborador, quer seja no campo desportivo, quer seja nas empresas. Seu objetivo é tornar os indivíduos mais efetivos e, assim, permitir o alcance de melhores resultados.

O que quero dizer é: as competências recrutadas, para cada atividade que precisa ser executada, vão variar de acordo com suas especificidades. Ou seja, levando-se em conta a escassez do tempo e da energia e contabilizando o número de competências das quais dispomos para realizar as diversas tarefas que temos no dia a dia, chegaremos à conclusão de que é preciso focar nas principais áreas onde desejamos melhorar.

Uma dica, que pode ajudar nesse processo, é entendermos quais são os conhecimentos, os comportamentos e as habilidades que temos que recrutar para realizar determinada atividade com a máxima excelência, ou ainda, compreender que devemos trabalhar no treinamento de nossa equipe, considerando cada indivíduo e a função que ele executa.

Para isso, você pode responder a algumas perguntas esclarecedoras, por exemplo: como posso cumprir com o objetivo em questão da melhor maneira? O que posso fazer para que essa execução seja mais rápida? Eu terei que SER ainda mais persistente? Disciplinado? Paciente? Dedicado? Organizado?

É preciso que para cada área de atuação escolhida, você opte pelo menos por três competências para desenvolver com a máxima excelência possível. Lembre-se que não basta ter as competências, elas precisam ser trabalhadas com o seu mais alto grau de desenvoltura.

Depois, faça uma autoanálise sincera e se pergunte: Você tem executado suas funções com que percentual de uso das suas competências? Quais são as tarefas que você tem consciência de que deveria realizar e que resultado tem obtido quando as conclui?

Essa análise deve ser feita tendo como base nossa régua imaginária, na qual 100% de uso das competências e 100% de resultados equivale a você ser "o melhor do mundo" naquilo que se determinou a fazer.

Quando você terminar o exercício proposto, é chegada a hora de fazer uma nova Curva ABC de impacto para cada uma dessas competências, com relação à área de atuação escolhida. Você deve definir quais dessas competências você precisa desenvolver a fim de obter uma melhoria e atingir o rendimento esperado.

Na verdade, entro aqui para esclarecer uma dúvida de muitos leitores que têm conhecimento sobre a Curva ABC apenas enquanto ferramenta utilizada para os estoques das empresas. Como bem explica Viana[29], a Curva ABC é um "importante instrumento que permite identificar itens que justificam atenção e tratamento adequados em seu gerenciamento. [...]", ou seja, pode ser aplicada em todos os setores da empresa, de forma a permitir a sua maior efetividade.

Em nossos treinamentos, costumamos estimular os executivos a criarem um plano de estudo e capacitação, pois, para adquirir habilidade em alguma atividade, as pessoas devem investir em práticas diversas e as repetir quantas vezes forem necessárias. Quando você exercita uma ação muitas vezes, sua habilidade para aquilo vai aumentando progressivamente. Isto significa dizer, cada vez se faz mais rápido, com melhor qualidade e adquirindo melhores resultados. Quando pensamos em atitude e comportamento, a dica é ter força de vontade e, se preciso for criar lembretes para si mesmo a fim de estimular o olhar e a mente a favor de algo que precisa ser realizado.

Desenvolver as suas competências é muito importante, pois isso lhe dará: melhoria de resultados no campo profissional, satisfação pessoal com o reconhecimento positivo do seu trabalho e maior probabilidade de que a "sorte" esteja do seu lado – lembrando que sorte, no mundo corporativo, é o encontro de duas palavras: Oportunidades + Competências.

Quando o assunto é competência, muitas pessoas caem no erro de pensar: "ah, primeiro vou esperar por um aumento e, aí sim, vou passar a me esforçar para ser mais competente". Essa fala é um engano não apenas para quem a está escutando, mas, é, especialmente enganosa, para quem a está falando.

Escuto muitos relatos de executivos que dizem: "se eu recebesse um salário de vinte mil reais, eu seria mais persistente. Poderia fazer cursos de especialização, chegaria mais cedo no trabalho, me vestiria melhor, ajudaria a equipe com mais vontade etc. Mas, com o salário que ganho hoje, não vale a pena".

É bem possível que, essas pessoas que carregam esse tipo de pensamento, jamais cheguem a receber um aumento de salário. Elas não percebem que o movimento é justamente o contrário: primeiro você faz mais do que é esperado, mostra o seu valor, a sua competência e o seu potencial e, aí sim, consequentemente, aumentará a chance de quem sabe receber alguma recompensa, seja financeira, seja um elogio em reconhecimento ao trabalho desenvolvido, alguns

29 VIANA, João José. **Administração de materiais:** um enfoque prático. São Paulo: Atlas, 2009, p. 64.

benefícios, que antes não estavam ao alcance, e, talvez, uma promoção e assim por diante. Agora, o inverso é quase impossível. Lembre-se disso!

Atualmente, é bem recorrente a contratação de alguém de fora para ocupar um cargo de liderança nas corporações, ao invés de selecionarem um colaborador interno. Essa ação empresarial acaba por tornar descontentes diversos colaboradores que "gostariam da oportunidade", ou que acreditam que "seriam capazes" de executar a função, com efetivos resultados, caso fossem promovidos, isso porque, as pessoas acham que precisam ter o que chamamos "tempo de casa", ou seja, trabalhar anos na mesma empresa, para receber uma promoção. No entanto, hoje em dia, isso não garante nada. As conquistas salariais e mudanças de cargos estão associadas aos resultados e à quantidade de competências que cada um demonstra possuir e o quanto isso é utilizado no dia a dia dentro do ambiente de trabalho.

Por isso, seu desafio é SER mais competente, FAZER mais e melhor, para, possivelmente, obter o reconhecimento desejado. Além disso, muitas empresas querem crescer, expandir e se multiplicar. Isso não é um problema, apenas temos que entender que a locomotiva para que essas metas sejam alcançadas são os colaboradores.

Por isso, se você colocar uma meta de crescimento para sua empresa – seja *marketshare*, faturamento, vendas, lucro, dentre outros, procure se perguntar se você e sua equipe possuem as competências suficientes para tal. Lembre-se que uma coisa é a competência para iniciar um plano de ação no cumprimento de metas, outra coisa é manter essa competência numa média capaz de salvaguardar o seu negócio.

Certa vez, estive em contato com um grupo internacional de investidores a procura de bons negócios no Brasil. E a nossa empresa, Netprofit, foi uma das selecionadas para contato. Um belo dia, recebi uma ligação de um representante deste grupo a fim de saber se havia interesse de nossa parte em realizarmos uma parceria e eu, prontamente, respondi afirmativamente. Afinal, avaliei que seria importante, ao menos, ouvir o que eles tinham a oferecer.

Preparei-me para a reunião que havia sido agendada e organizando ideias, fiz um levantamento de algumas informações relevantes sobre a minha empresa, como índices de receitas, despesas, projeção de crescimento, dentre outras informações essenciais para apresentar na reunião.

Na hora marcada, o investidor chegou e foi direto ao assunto: "André, você renunciaria à sua posição na empresa?". Eu não entendi a pergunta e ele passou a me indagar sobre uma série de dados até que desenvolveu o raciocínio que explicaria a questão inicial: ele queria saber sobre a minha flexibilidade quanto ao meu cargo.

Ele disse: "A Netprofit possui hoje 20 unidades no país, conforme você me relatou. No entanto, sabemos que no Brasil existe mercado para comportar 200 unidades da sua empresa. Se pensarmos em termos mundiais, eu diria que seria possível abrirmos cerca de 2.000 unidades da Netprofit, ou seja, resumindo, o crescimento da sua empresa até o momento teve um aumento de 3 a 4 unidades por ano. Isso é bem louvável, porém, se decidirmos investir na Netprofit, não queremos crescer apenas 3 unidades por ano. Nós gostaríamos de crescer 100% ao ano, ou seja, estamos falando na abertura de 20 unidades por ano. Vale salientar que, para o nosso grupo de investidores, dinheiro não é o problema. Agora: será que você tem a competência necessária para atingir a nossa meta?".

Fiquei ali parado, olhando para a cara daquele sujeito e pensando: "será que tenho competência para administrar uma verba de milhões de dólares e converter isso nos resultados que esse grupo deseja?".

Nesse momento, eu havia entendido onde ele queria chegar, antes mesmo que o assunto fosse concluído: se eu não tivesse a competência necessária, eles me tirariam do cargo e colocariam alguém mais competente para ser o diretor geral da Netprofit.

Quando me dei conta, o investidor estava me dizendo algo no qual sempre acreditei: "Nós apostamos em pessoas e não somente em empresas". E continuou, taxativo: "portanto, se você não concordar em se afastar do seu cargo, caso entendermos que você não tem as competências necessárias para ser o diretor geral de uma empresa 100 vezes maior do que a de hoje, vamos colocar outra pessoa em seu lugar, ou caso você diga que não está disposto a abdicar do seu cargo, nossa conversa se encerra por aqui. A mesma coisa ocorre no referente a sua equipe".

Ao ouvir aquilo, pensei: "como é que alguém, que nem me conhece, fala desse jeito comigo? Eu criei essa empresa e, até hoje, mantenho um bom índice de crescimento sem nenhum apoio de investidores. É lógico que sou um diretor competente!".

Aquelas palavras ecoavam na minha cabeça! Passados os primeiros cinco minutos de indignação, tive a humildade de fazer uma autoanálise das minhas competências frente àquela proposta milionária e me questionei: "será que eu seria competente para fazer essa empresa crescer, 100% ou 200% ao ano, sem perder a qualidade?".

Por fim, cheguei a uma conclusão honesta e sincera. O investidor estava certo. Naquela época, nem eu e nem a minha equipe tínhamos preparo e competências suficientemente desenvolvidas para atender às expectativas da proposta ofertada no prazo e no volume estimado.

Naquele dia, percebi que vontade e atitude são muito importantes, porém, no mundo corporativo, o que vale são os resultados reais que englobam a união de conhecimento (formal e informal), habilidades afinadas e muitas outras competências.

Vamos continuar falando sobre isso nos próximos capítulos de forma mais aprofundada, pois é preciso entender que além de trabalhar rápido para desenvolver as competências que você necessita hoje, deve-se pensar também onde se gostaria de chegar, ou para quais oportunidades você deveria estar preparado e, deve-se começar agora, antes que seja tarde, por que, quando um investidor internacional bater à sua porta, você precisa estar preparado para aproveitar a oportunidade tendo a certeza de que não colocará a operação em risco, isso, claro, se esse for o seu desejo.

Ah, quanto ao caso relatado com o investidor do grupo internacional, minha resposta foi: "agradeço o interesse, porém, nós preferimos primeiro trabalhar e desenvolver nossas competências para depois voltarmos a conversar com vocês. Quem sabe um dia!".

CEO DA GUIA-SE AGÊNCIAS DIGITAIS

"Faço um alerta: construir algo grande demanda coragem e motivação. Sonhar grande também é fundamental .

José Rubens Oliva

DADOS BIOGRÁFICOS

José Rubens Oliva nasceu na capital do Estado de São Paulo em 1974 e, ainda criança, foi morar em Indaiatuba-SP. É filho de José Rodrigues Filho (*in memoriam*), que trabalhava como vendedor e de Maria Elizabeth Oliva, que trabalhou como professora e empresária.

Em 28 de janeiro de 2006, casou-se com a arquiteta Isabel Sombini, com quem tem dois filhos: Enzo Sombini Rodrigues e Isadora Sombini Rodrigues.

Autor do livro "Checklist Minha Franquia que, em breve, ganhará uma nova edição, revista e ampliada, é também palestrante de Marketing Digital, Empreendedorismo, Vendas e Franquias, professor de MBA na disciplina de Marketing Digital, ex-diretor da Associação Brasileira de Franchising (ABF) e coordenador do comitê de Microfranquias da ABF.

José Rubens tem especialização em Gestão de Forças de Vendas pela Fundação Getúlio Vargas (FGV), MBA em Gestão Estratégica de Negócios e pós-MBA em Negociação Empresarial também pela FGV. Possui também Certificado Internacional em *Executive Coaching* pela Netprofit/CAC. Contabiliza 23 anos de experiência em Marketing Digital, acompanhando o segmento desde seus primórdios. Na área de *franchising*, já são onze anos de trabalho intenso.

TRAJETÓRIA PROFISSIONAL

Sou um apaixonado por inovações e automações digitais. Administrador de empresas e empreendedor inveterado, aos 46 anos, sou CEO e cofundador da Guia-se , uma rede de franquias de Agências de Marketing Digital *home based*, que contabiliza mais de 140 unidades, algumas fora do Brasil, em países como Estados Unidos e Portugal.

Curioso e inquieto, tive uma trajetória singular, marcada por percalços, mudanças de rota e trabalho árduo que me garantiram um lugar de destaque no cenário do empreendedorismo nacional. Minha bem-sucedida caminhada profissional é regida por um lema simples: trabalhar em equipe, cercado de expoentes em suas respectivas áreas de atuação, capazes de agregar valor ao negócio e ajudá-lo a crescer.

Esse currículo invejável começou a ser construído de forma bem conturbada, como sempre conto, meu primeiro emprego foi em uma malharia montada por meus pais no fundo de nossa casa. Depois, trabalhei como *office boy*, balconista de loja de material de construção, vendedor de produtos de limpeza e de chinelo magnético. Fui funcionário público por um curto período de tempo e depois empreendi no segmento de cavalos. Tive uma empresa de coleta de resíduos urbanos, fui vendedor de móveis e de ferramentas de corte, em uma loja da fábrica fundada por meu avô, a OB Ferramentas e, posteriormente, herdada pela minha mãe. Tive também uma empresa de terceirização de mão de obra que usava a força de trabalho de presidiários até, finalmente, montar minha empresa de marketing digital, a “Guia-se”.

Cada um destes trabalhos, aparentemente tão díspares, trouxeram aprendizados importantes. Jamais desistir dos meus sonhos, perseverando sempre, foi uma das muitas lições assimiladas durante todas essas experiências. A importância do trabalho com afinco foi outro ensinamento adquirido desde muito cedo e obtido por meio da experiência que eu e meu pai tivemos quando fomos proprietários de uma cocheira.

Em minhas memórias, lembro que meu pai era um trabalhador incansável. Eu, muitas vezes já cansado, louco para encerrar o expediente e ir para casa e ele lá, com a mão na massa. O negócio, como tantos outros no início dos anos 90, acabou sucumbindo por conta das dificuldades econômicas do país. Saí dessa empreitada apenas com uma caminhonete ano 62. Resolvi, então, apostar na coleta de resíduos e vi meu negócio crescer, porém, logo em seguida veio a necessidade de regularização. Foi quando decidi, mais uma vez, mudar a estratégia, já que não pretendia seguir nesta área. Depois de trabalhar como vendedor numa loja de móveis e na loja da fábrica de ferramentas de corte do meu avô, a veia empreendedora acabou pulsando mais forte e, novamente, junto com o meu pai, lancei-me em um empreendimento ousado: uma empresa de mão de obra terceirizada que usava a força de trabalho de presidiários. O negócio, apesar das dificuldades óbvias, como o acesso ao presídio com máquinas e insumos, deu certo e só chegou ao fim, em nome da prudência, após uma rebelião. O presídio foi destruído, foram preservadas apenas nossas máquinas, porque os detentos gostavam de nós e dos benefícios que o trabalho lhes proporcionava.

A vontade de vencer era cada vez mais latente e esse desejo de reescrever a minha própria história me fazia seguir em frente. Ao mesmo tempo em que trabalhava na fábrica do meu avô, me dedicava à comercialização de produtos da *Amway*, empresa de venda direta por meio de catálogos. Foi justamente através do *networking* estabelecido com esta atividade que tive acesso a um mundo que estava louco para desbravar: a Internet.

Apesar de ainda inóspito, era um território que, por meio de minhas leituras e observação do mercado, eu via com potencial para se transformar em solo fértil. Assim, fui para São Bernardo do Campo, no ABC Paulista, acompanhando dois amigos da área para uma reunião cujo tema era Banco de Dados. Eu simplesmente não tinha ideia sobre o que eles estavam falando, então, achei melhor ficar quieto. Depois da reunião, já no carro retornando para casa, perguntei o que era Banco de Dados e a explicação foi ainda mais enigmática: são as informações contidas em linhas e colunas de uma planilha de Excel. Mas, o que é Excel? Hoje lembro das minhas dúvidas e acredito que somos capazes de vencer todas as barreiras. O jeito foi investir num curso de informática e mergulhar de cabeça neste admirável mundo novo. Foi assim que cheguei até a Guia-se que, na época, era um catálogo virtual.

DESAFIOS E RESULTADOS AO LONGO DA CARREIRA

Vários foram os desafios que superei ao longo de minha carreira, todos foram imprescindíveis para que eu alcançasse o lugar que ocupo hoje, em que tenho a felicidade de me destacar como um dos expoentes do segmento de microfranquias, ou seja, franquias com investimento inicial baixo, de até 90 mil reais.

Apesar do espírito empreendedor, da garra e da disposição para o trabalho, as perspectivas iniciais não eram muito favoráveis. Afinal, eu não tinha nenhum conhecimento do negócio e já tinha acumulado alguns fracassos. Quando faço reuniões com potenciais franqueados que desconhecem a área de marketing digital, gosto de contar a minha história e de dizer a eles, com muita segurança, que é possível começar um novo empreendimento sem conhecimento prévio do negócio. As atitudes empreendedoras, tais como querer trabalhar, estudar e aprender, devem estar sempre presentes e farão toda a diferença. Você pode ter uma trajetória tumultuada, tropeçar algumas vezes, o começo da minha foi assim, mas não pode perder a motivação e o foco. Eu não sabia nada sobre a Internet, mas por instinto, estudo e observação, tinha uma sensação de que isso ia mudar a minha vida e que ia ser o futuro dos negócios no Brasil.

Nessa fase, o principal desafio foi encontrar um negócio que me motivasse a seguir em frente e retornasse meus investimentos. Essa motivação, inclusive, persiste até hoje. Eu não sei se será no mesmo modelo que a Guia-se tem atualmente, mas ainda acho que seremos muito maiores. O mercado está crescendo absurdamente e se modificando o tempo todo, isso nos traz novos e constantes desafios e as mudanças dentro do próprio ramo também são interessantes.

Eu comecei como um guia virtual em 1997, em 2000 a Guia-se iniciou a criação de sites, em 2002 fomos trabalhar também com o desenvolvimento de lojas virtuais e, finalmente, em 2007 a empresa começou a atuar no ramo do marketing digital. Em 2010, nos lançamos no ramo de franquias. Fomos acompanhando as tendências de mercado e nos adaptando, nos transformando.

Cada uma dessas viradas veio repleta de desafios. Mas, se tivesse continuado com o guia virtual, certamente não estaria aqui, tampouco se não tivesse transformado a Guia-se numa rede de franquias. O sonho, aliás, vem impresso na visão de negócio que defini para a franquia da Guia-se: sermos referência em Empreendedorismo, Marketing Digital e Vendas no Brasil.

Sobre os desafios da carreira destaco ainda que, no início da minha jornada, aos 18 anos, cheguei a iniciar uma faculdade de Engenharia Civil, ao mesmo tempo em que fui aprovado num concurso público na Prefeitura de Indaiatuba para atuar na mesma área. O caminho parecia estar pavimentado para uma promissora carreira no funcionalismo público, mas o espírito empreendedor falou mais alto e larguei tudo para me aventurar com meu pai no negócio das cocheiras, que acabaria não dando certo.

Hoje, reavaliando essa passagem da minha vida, vejo que foi uma atitude impulsiva trocar uma carreira de estabilidade garantida por um negócio incerto. Inclusive, na época, meu pai apoiou a minha decisão. Ele era um homem trabalhador, mas que não dava tanto valor ao estudo, não o julgo, os tempos eram outros. Ele concluiu a 8ª série depois de já casado e, certamente, estudou mais que meus avós, conseguiu romper uma barreira. Depois disso, eu só fui retomar a faculdade aos 27 anos, quando já tinha uma trajetória mais definida.

Nesse ponto, também cito a resiliência da minha mãe, que jamais deixou de acreditar no meu potencial. Na época em que fui trabalhar com cavalos eu era muito jovem, abandonei os estudos, mas minha mãe nunca desistiu de mim. Hoje entendo que todas essas experiências ajudaram no meu amadurecimento pessoal, para que eu criasse uma bagagem de vida e entendesse melhor as minhas vocações.

Ainda sobre os desafios e resultados de minha trajetória, menciono o crescimento acelerado dentro do segmento de franquias, que demandou ajustes no modelo de negócios e a superação de algumas crises, processos necessários para que a empresa conseguisse seguir em rota ascendente, de forma saudável e estruturada. Hoje, a Guia-se tem orgulho de ser a única franquia do segmento no Brasil com 8 Selos de Excelência consecutivos, concedidos pela Associação Brasileira de Franquias (ABF). Para receber esta importante chancela, a franqueadora é submetida a uma detalhada pesquisa de satisfação envolvendo os seus franqueados, que analisam os mais relevantes aspectos da rede. Participar deste processo é se submeter a uma espécie de auditoria dos próprios franqueados e demanda disposição para ouvir possíveis críticas e promover mudanças. O que, para mim, são práticas que permeiam a minha filosofia de vida no campo pessoal e profissional.

EXECUÇÃO EFETIVA

Para mim, enquanto empreendedor, de nada vale uma boa ideia se ela não for colocada em prática. Não se pode perder tempo, é preciso agir para não ficar para trás. Essa postura pode ser definida como um sinônimo para execução efetiva ou, simplesmente, para "pôr a mão na massa". No entanto, faço um alerta: construir algo grande demanda coragem e motivação. Sonhar grande também é fundamental.

Acredito que motivação possa ser traduzida como aquela força interior de sempre querer realizar bem aquilo a que se propõe, pelos outros e não apenas por você mesmo. Isso proporciona um impulso executivo muito grande. Fazer pelos outros, às vezes, nos tira a possibilidade de ficarmos desanimados. Porque nem todo dia é fácil, temos decepções e dificuldades.

Um exemplo que ilustra essa afirmação é uma situação que vivi a pouco tempo. Além da agência e da franquia de Marketing Digital fui franqueado da IGUI, líder mundial no segmento de piscinas. Um negócio promissor, mas por conta da crise intensificada pela COVID-19 causada pelo Coronavírus, passou por um momento delicado. Eu não dependia desse negócio para sobreviver, mas meu sócio sim. Então, tive que seguir em frente apesar das dificuldades. Tenho essa veia de empreendedor, essa vontade de explorar novos mercados e superar obstáculos. Isso, é execução efetiva.

INOVAÇÃO E SUA IMPORTÂNCIA NAS ORGANIZAÇÕES

Sempre busco estar sintonizado com as novas tendências de mercado e de inovação, considero isso como um aspecto primordial para garantir a sobrevivência de uma organização. Sem inovação não se sobrevive às mudanças de mercado e, principalmente, do comportamento do consumidor.

Considero esse tema de extrema relevância, tanto que ele se reflete nos valores de minha própria empresa, ao lado da determinação, humildade, compromisso, resiliência, espírito de equipe, persistência, organização e inteligência emocional. Acredito que a inovação, inclusive, deve estar presente dentro de cada um desses valores e deve ser um compromisso constante do CEO da Empresa. A gente precisa estar sempre buscando formas de inovar, em todos os aspectos.

Sob o ponto de vista prático cito, novamente, a crise instituída pela COVID-19, que forçou as empresas a inovarem para sobreviver à quarentena e suas consequências. Essa crise forçou muitos empresários a reverem seus modelos de negócios e, certamente, muitas oportunidades novas estão surgindo. Todo mundo teve que repensar a forma de trabalhar.

PAPEL DA LIDERANÇA NAS ORGANIZAÇÕES

Quando o assunto é liderança, destaco que esta é a base de toda a organização. Você lidera uma mudança, você lidera muitos momentos bons, mas principalmente, é preciso saber liderar nos momentos de crise. Liderar num momento bom é fácil. O líder tem o papel de levar o negócio para frente e essa liderança tem que ser exercida, principalmente, quando surgem os problemas. Liderança é saber guiar, compreender e se fazer compreendido, para que a organização possa atingir um objetivo em comum. Sem liderança, a empresa fica à deriva.

GESTÃO E APRENDIZADOS

Quando o assunto é gestão, tenho uma receita simples: acredito que cabe ao gestor escolher as pessoas apropriadas para os lugares certos e as motivar para que cresçam e sejam cada vez melhores. Isso significa selecionar o profissional mais adequado para cada área, pessoas que sejam, inclusive, melhores que o próprio gestor/líder em seu segmento de atuação.

Essa é a principal dica e aprendizado que eu tenho no que se refere à gestão. Eu digo, com imenso orgulho, que possuo franqueados que fazem marketing digital muito melhor do que eu, já que, atualmente, meu foco está no trabalho de franqueador e em oferecer toda a estrutura necessária aos meus parceiros. O fato de estar cercado de pessoas qualificadas garante que se façam melhores negócios. Pessoas ineficientes custam caro.

INSPIRAÇÕES PARA A CARREIRA

As maiores inspirações para a minha carreira vieram da minha própria casa, de meus pais, que são exemplos não pelo seu sucesso efetivo, mas pelo legado que construíram. A minha mãe foi funcionária pública, professora da Prefeitura de São Paulo e na minha idade já estava aposentada. Ela não parou por aí, voltou a trabalhar e foram mais quinze anos até chegar à sua segunda aposentadoria. Um exemplo de perseverança, sempre superou todas as dificuldades. Foi resiliente comigo, porque quando jovem, eu não fui um filho muito fácil.

Meu pai era um trabalhador incansável, embora não tivesse muita perspicácia para os negócios, do contrário teria ficado milionário. Os fracassos dele ainda me motivam, aprendi muito com eles. A disposição que meu pai tinha para o trabalho duro e a persistência da minha mãe são grandes inspirações.

Além disso, ouço *audiobooks* para ter contato com a obra de dezenas de profissionais, que também me servem de inspiração. Esse recurso assegura uma boa assimilação do conteúdo e permite ter contato com estas obras em momentos em que a leitura seria impossível. Cito ainda, como fonte de inspiração, o ex-presidente da GE, Jack Welch, falecido recentemente. Obviamente, existem outros tantos profissionais que fizeram parte da minha vida e que me inspiram, como meu avô, criador da OB Ferramentas de Corte.

DICAS PARA QUEM ESTÁ INICIANDO A CARREIRA PROFISSIONAL

Para os que estão iniciando, afirmo que não existe fórmula mágica, apenas trabalho constante e firme, pois é preciso pensar que sempre haverá profissionais mais dedicados que você. E, neste caso, a motivação não é ganhar mais do que os outros e sim, ser cada vez melhor. Para isso, é preciso estudar, investir, fazer o que for preciso para ter sucesso.

E, mais uma vez, os valores que escolhi para os meus negócios servem de baliza: a determinação para fazer o que for necessário em qualquer circunstância, sem titubear, é importantíssimo. Humildade para aprender, seja com o sucesso ou com o fracasso. Espírito de equipe, como já diz um conhecido provérbio africano: Se quer ir rápido, vá sozinho. Se quer ir longe, vá acompanhado. Vá em equipe, não tem nada mais correto do que isso. Persistência para continuar, pois adversidades vão sempre existir. Corrija o que você está fazendo errado, converse com outras pessoas, pegue *feedbacks*.

Seja organizado: ninguém merece estar ao lado de uma pessoa desorganizada, menos ainda de um empreendedor que não cumpre o que fala, que não cumpre horário, que não entrega o que promete. O que falta a esta pessoa, muitas vezes, é organização.

Por fim, com muito trabalho, persistência e aquela dose certa de ousadia, imprescindível para um empreendedor de sucesso, mantenho a mira em minhas metas, construindo uma trajetória sólida e bem-sucedida, firme no objetivo de fazer cada vez mais e melhor tudo aquilo a que me proponho.

CAPÍTULO 6
A TRANSFORMAÇÃO DA PERFORMANCE DO TIME

"É um curso de extrema importância para líderes, gestores e empreendedores. A pessoa aprende e desenvolve como motivar e desafiar o outro a obter resultados extraordinários".

Bernardo S. da Cunha Rosa (Engenheiro Sênior Petrobrás)

O método abordado nesse livro alcança agora uma nova etapa. Ressaltando que: os ensinamentos dissertados aqui reúnem uma possível estrutura para você fazer uma gestão de alta performance junto à sua equipe. Vale reafirmar, também, que o conteúdo do nosso programa pode ser aplicado nos seus clientes, principalmente, se você atua, ou deseja atuar como *Coach*.

Como você já entendeu o que é e como aplicar uma atuação efetiva e aprendeu tudo a respeito dos níveis de utilização e/ou desenvolvimento das suas competências essenciais frente a seus desafios e metas, agora é chegada a hora de dar um passo maior.

A partir desse momento vamos começar a falar não somente da aplicação das técnicas para aumentar a sua performance pessoal, mas, também, como as aplicar, a fim de possibilitar o crescimento da performance do seu time.

Em nossas "conversas *coaching*" é importante deixar claro que a intenção não é, necessariamente, tentar medir ou avaliar seu DESEMPENHO. Na verdade, acreditamos mais em dar uma oportunidade para o EMPENHO. Até porque, o desempenho real já é medido pelo resultado que apresentamos, uma vez, é claro, que este resultado seja mensurado.

A proposta do nosso método é lhe ajudar a criar uma possível estrutura para que você possa fazer a gestão, tanto do empenho quanto do desempenho da sua equipe. Para isso, você poderá utilizar a mesma técnica de diálogo aplicada aqui nesse livro.

Por intermédio dessa prática, você será capaz de gerar aumento de foco e canalizar a energia do seu time, a fim de aumentar a performance do seu grupo de colaboradores ou de clientes, se você atua ou deseja atuar como *Coach*.

O desempenho real de um time é medido pelos seus resultados concretos, mas, o empenho, válvula muito importante para o funcionamento de uma equipe, costuma ser pouco observado.

Podemos definir, como o próprio dicionário, que empenho é o ato ou efeito de empenhar e consiste em depositar uma grande disposição, interesse e afinco para a realização de algo. O significado aborda também o termo "insistência obstinada" e diz que o empenho é "uma força e energia de poder que emana de alguém", ou seja, talvez, mesmo que a sua equipe não esteja tendo um bom desempenho (resultados positivos) isso não significa dizer que seus colaboradores não estão empenhados em suas tarefas.

Adentramos aqui nos conceitos de Saraiva[30]: "quando visualizamos EMPENHO, buscamos saber se a pessoa está dedicada, alinhada e realmente 'linkada' na missão, visão e valores da empresa. [...]. Já o DESEMPENHO, esse sim, mede apenas a execução e resultados das pessoas. [...]".

O que pode estar acontecendo é que, apesar do empenho, dessa insistência obstinada em cumprir uma tarefa, o método ou técnica que estão empregando para efetivar isso pode não ser o mais indicado. Portanto, vou lhe ensinar a medir o EMPENHO do seu time, que pode estar refletindo, diretamente, na performance apresentada por ele. Levando em consideração que, por meio disso, também será possível constatar como andam os seus níveis de empenho e desempenho e os de cada membro do time individualmente.

Para fazer essa mensuração, vamos usar um gráfico simples e direto, que vai lhe ajudar a ter uma melhor compreensão de como proceder, a fim de descobrir em qual nível você e a sua equipe estão quando o assunto é alta performance.

Este gráfico revela o patamar que o time está no momento e onde deveria chegar. Ao visualizar isso, será bem mais fácil planejar os próximos movimentos, como num jogo de tabuleiro, a fim de alcançar o objetivo final.

O gráfico *High Performance* funciona como um mapa com bússola ou, usando um termo mais *high tech*, eu poderia dizer que ele vai ser o seu *GPS* mental a partir de hoje. Você terá a chance de receber coordenadas e opções de caminhos a serem percorridos para chegar ao "local" desejado – a sua alta performance.

Segundo especialistas na área de neurociência, nosso cérebro assimila com mais facilidade aquilo que é visualizado, ou seja, nossa mente é capaz de processar informações e conteúdos com muito mais precisão quando trabalhamos com imagens. Por isso, no presente livro, utilizamos gráficos e mapas mentais em vários momentos.

Então, diante de tudo que já foi exposto, vamos à visualização e entendimento do gráfico High Performance:

---

30 SARAIVA, Lucas Gurgel Mota. Empenho X desempenho. 2015. **Portal da Classe Contábil.** Disponível em: <https://classecontabil.com.br/empenho-x-desempenho/>. Acesso em: 03 maio 2020, p. 1.

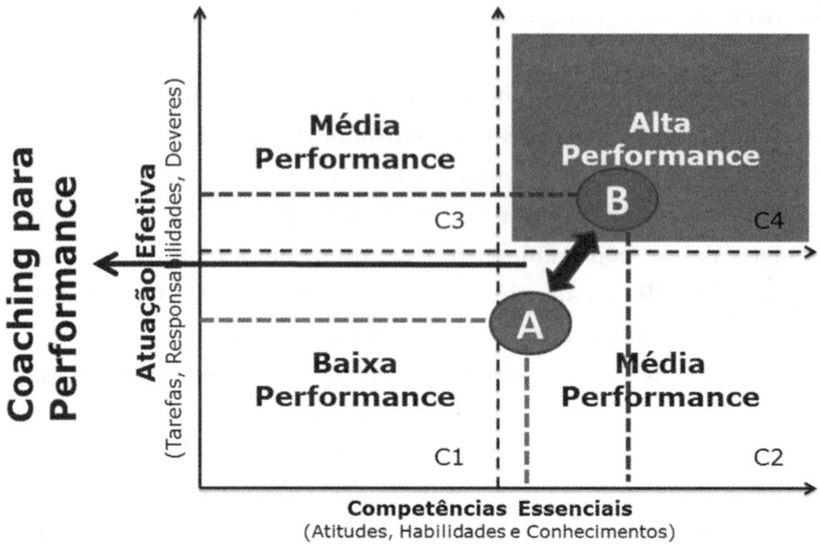

Figura 6 – Gráfico *High Performance*

De acordo com a figura 6, vale ressaltar que a performance na execução de uma função é o somatório de vários pontos que precisam ser alcançados tanto no eixo "Atuação Efetiva", quanto no eixo "Competências Essenciais".

É preciso lembrar também que, o fato de alguém estar numa posição considerada como de Alta Performance, não garante o resultado, mas impacta nas chances de vitórias. Fazendo uma analogia rápida: mesmo um atleta estando com um alto condicionamento físico, muscular e psicológico, não podemos assegurar, com 100% de certeza, que ele será o vencedor em determinada atividade. Porém, devemos considerar que os resultados apontados no gráfico influenciam muito e podem se aproximar bastante do quadro real de performance de cada pessoa.

Além de tudo que já foi dito, precisamos tocar também em outro fator de extrema relevância dentro desse processo todo: a forma como você e cada membro do seu time se sentem em relação a tudo isso. O estado emocional das pessoas tem uma relação direta com tudo o que citamos até aqui: empenho, desempenho, uso das competências, aplicação da efetividade e, por fim, a performance em si.

Abro um parêntese para dizer que é importante a autoconsciência em relação aos seus sentimentos e estados emocionais, pois, como apontam Gonzaga e Rodrigues[31]: "autoconsciência (*Self-awareness*) – reconhecer sinais dos próprios sentimentos enquanto ocorrem. Perceber a influência dos diferentes estados emocionais em seu próprio rendimento cognitivo ou desempenho no trabalho", com certeza irá gerar bons resultados.

Com base nisso, alguns fatores precisam ser detalhadamente estudados, pois, eles podem ser os agentes transformadores do seu gráfico *High Performance* e de sua equipe. São eles: desafio, pensamento, sentimento, comportamento, ação e resultado, fatores amplamente explorados em nosso primeiro livro "Menos Rambo, Mais SNIPER, lançado 08 de novembro de 2019 e disponível por meio do link: <https://netprofit.com.br/livro_mais_sniper/ebook/>. Você também pode baixar esse livro apontando a câmera do seu celular para o código abaixo:

31 GONZAGA, Alessandra Rodrigues; RODRIGUES, Marcelo do Carmo. **Inteligência emocional nas organizações.** [recurso eletrônico]. Canoas-Rio Grande do Sul: Ed. Unilasalle, 2018, p. 17.

CEO DA CLAMPER INDÚSTRIA E COMÉRCIO

"Se as pessoas não se sentirem felizes no ambiente de trabalho e não estiverem engajadas com o propósito da empresa, todo o resto não funciona".

Marcelo Lobo

DADOS BIOGRÁFICOS

Marcelo Lobo nasceu em 31 de março de 1974 em São José dos Campos, no interior do Estado de São Paulo. É filho de Ailton Ricaldoni Lobo, engenheiro eletricista, e de Ana Elisa Freire Lobo, que tem uma das mais importantes e trabalhosas profissões, a de ser do lar.

É formado em Engenharia Elétrica pela Universidade Federal de Minas Gerais (UFMG). A escolha por esse curso teve relação direta com a atividade profissional de seu pai e com o contato que teve, desde cedo, com as atividades de um engenheiro eletricista, continuando assim o legado profissional de seu pai na profissão pela qual tem imenso apreço. Também tem especialização em gestão empresarial pela Fundação Getúlio Vargas (FGV).

Casado com Josiane K. Ribeiro Lobo desde 21 de outubro de 2000, possui duas filhas: Amanda Ribeiro Lobo de 18 anos e Beatriz Ribeiro Lobo de 15 anos.

TRAJETÓRIA PROFISSIONAL

Minha trajetória profissional se iniciou quando, por sugestão do meu pai, decidi substituir o ensino médio tradicional pelo ensino médio técnico e profissionalizante. Ingressei, em 1989, no curso de eletrônica do Centro Federal de Educação Tecnológica de Minas Gerais (CEFET). Foi lá que tudo começou, porque foi essa experiência que me fez decidir com segurança sobre minha formação universitária.

Concluí o curso técnico em 1991 e, no ano seguinte, fiz um estágio na Companhia Energética de Minas Gerais (CEMIG), onde trabalhei em um projeto que visava desenvolver um dispositivo eletrônico de detecção de furtos de cabos de neutro da rede de distribuição e acionava uma comunicação com a central de controle da CEMIG, em Uberaba-MG. Esse foi o meu primeiro contato com a rotina de operação de uma empresa e foi onde pude colocar em prática, pela primeira vez em uma situação real, o conhecimento técnico adquirido.

Essa experiência reforçou ainda mais minha decisão de prosseguir na área de elétrica e eletrônica. Em 1993, ingressei na Universidade Federal de Minas Gerais (UFMG), no curso de Engenharia Elétrica, onde vivi cinco anos intensos de muito estudo e de experiências práticas importantes. Normalmente, nos períodos de férias, eu procurava complementar meus conhecimentos práticos participando das atividades da empresa fundada pelo meu pai, em 1991, a CLAMPER.

Desde então, além do conhecimento geral em Engenharia Elétrica, comecei a me aprofundar na área específica da CLAMPER, a de proteção contra raios e surtos elétricos, aprendendo com meu próprio pai, Ailton Ricaldoni Lobo, que foi quem teve visão de futuro em relação à importância dessa proteção para equipamentos eletroeletrônicos em geral, principalmente em um país como o Brasil que tinha e continua tendo abundância de raios e surtos elétricos.

Na época, esses dispositivos tinham que ser importados, por isso, eram caros e de difícil acesso às pessoas e empresas. Também destaco aqui a importância do engenheiro Wagner Almeida Barbosa, atuante na empresa desde a sua fundação e que atualmente ocupa a posição de Diretor Técnico. Com ele aprendi muito sobre aspectos técnicos e de aplicação de proteção contra raios e surtos elétricos. Minha graduação na UFMG terminou em 1997 e, em 1998 ingressei na CLAMPER como engenheiro de aplicação e de desenvolvimento de produtos.

DESAFIOS E CONQUISTAS

Foram muitos desafios, aprendizados e conquistas ao longo desses anos. Um importante desafio pelo qual passei, ainda no início da minha carreira, foi quando comecei a assumir participação na gestão da empresa em áreas diferentes da minha formação, mas que eram e são vitais para a existência do negócio. Na época, 2002, investi em uma especialização em gestão empresarial na FGV e isso se demonstrou fundamental para uma transformação significativa na minha visão empresarial e de negócios.

Muitos profissionais iniciam negócios dentro da sua área de formação e não conseguem prosperar porque não se prepararam para os administrar. É importante que o gestor geral tenha boas noções de gestão de finanças, contabilidade, processos, pessoas, marketing e negócios para que ele tenha mais chances de fazer os movimentos certos e colocar as pessoas certas para que a empresa se desenvolva com estabilidade e sustentabilidade.

Em 2016 passamos por um grande desafio: enquanto o país atravessava um período de estagnação econômica e crise política, decidimos promover uma ampla revisão na estrutura, na estratégia e no propósito da CLAMPER. A base dessa transformação foi o investimento nas pessoas, pois são elas que constroem a empresa. Sem isso, os outros investimentos não fazem sentido, a própria existência da organização não faz sentido. Se as pessoas não se sentirem felizes no ambiente de trabalho e não estiverem engajadas com o propósito da empresa, todo o resto não funciona.

Com essa base sendo trabalhada incessantemente, passamos a reestruturar todos os setores da empresa, com pessoas melhor capacitadas e processos mais eficientes. Ampliamos e criamos unidades de negócios e canais de venda, passando a atender nossos clientes com maior qualidade e eficiência. Organizamos a área de pesquisa e desenvolvimento em células especializadas nos vários segmentos de mercado em que a empresa atua, dando mais agilidade e aderência aos projetos.

Buscamos atrair e reter talentos, formar lideranças efetivas e um time de alta performance, focar na geração de valor aos clientes e definir claramente os nossos objetivos. Isso tudo nos levou a resultados incríveis nos últimos anos, sendo que, de todos esses, o resultado mais contundente que tivemos, o que explica todos os outros e nos dá uma sinalização clara, por parte dos nossos colaboradores, de que estamos no caminho certo de um negócio promissor e sustentável, foi a certificação obtida em 2019, do Great Place To Work (GPTW) colocando a empresa como uma das melhores organizações para se trabalhar no Brasil.

EXECUÇÃO E SUA IMPORTÂNCIA NAS ORGANIZAÇÕES

Execução efetiva é a base fundamental para que uma organização alcance resultados relevantes e impulsione o desempenho do negócio. A execução efetiva e de excelência depende do engajamento das pessoas e de uma liderança que comunique e acompanhe esse objetivo e que, além disso, faça com que as pessoas comprem as ideias e se sintam donas delas. Mais vale não ter a melhor estratégia e ter uma execução efetiva e de excelência do que o contrário.

As organizações não sobreviverão se tiverem em mente que só terão sucesso se possuírem a melhor estratégia. Elas devem sim ter boas estratégias, mas além disso, devem executá-las com excelência. Gosto muito da frase: "feito é melhor que perfeito" ou, ainda, "o ótimo é o inimigo do bom". Isso ilustra bem a relevância da execução efetiva não só nas empresas, mas nas nossas vidas.

INOVAÇÃO

Inovar não significa criar algo do zero, significa entender as constantes mudanças do mundo e explorar novas ideias de como fazer melhor algo que já é feito. Na empresa, a inovação pode se dar em um serviço ou produto, em modelos de negócios, processos ou até mesmo em nosso comportamento.

É preciso criar uma cultura de inovação que permeie toda a organização de forma a engajar e estimular cada colaborador a adotar uma postura constante de encontrar soluções para problemas e necessidades, internos e externos, agregando valor ao negócio, aumentando a vantagem competitiva, permitindo o acesso a novos mercados, aumentando a receita e o valor da marca.

As empresas que não tiverem essa consciência e, efetivamente, não trouxerem a cultura de inovação para seus negócios, ficarão em posição de risco cada vez maior no mercado.

Na CLAMPER, nós buscamos constantemente inovar em nossos processos internos e externos e nos produtos que desenvolvemos para os clientes. Temos um laboratório de pesquisa e desenvolvimento dedicado exclusivamente a testes e pesquisas de produtos, implantamos um novo conceito de linha de produção com o intuito de aumentar o bem-estar dos colaboradores, a capacidade produtiva, a qualidade dos produtos e a organização do ambiente de trabalho.

Fizemos também a implantação de uma Usina Solar Fotovoltaica para contribuir com a sustentabilidade e otimizar o nosso consumo de energia. Além dos sistemas e programas que implementamos para centralizar e automatizar todas as informações visando a agilidade da rotina operacional.

LIDERANÇA

As pessoas são o maior "ativo" de uma empresa. O líder da atualidade assume um papel decisivo no ambiente corporativo que é incompatível com a imagem do antigo chefe que só impõe regras. As mudanças do mundo globalizado fizeram nascer a necessidade de uma pessoa que assuma o papel de mentor cuja função é agregar valor ao trabalho e às pessoas.

O novo líder precisa ser um incentivador e estar sempre disposto a aprender e a ensinar, a contribuir para que seus colaboradores estejam motivados e capacitados para, a partir disso, encontrar novas formas de alavancar os resultados por intermédio do trabalho em equipe e do direcionamento das tarefas.

As pessoas não querem mais ser somente funcionários, elas querem se sentir parte de algo maior, querem disseminar o conceito da empresa e deixar o seu legado. A função do líder, nesse momento, é implementar um processo de desenvolvimento contínuo dessas pessoas, identificando seus pontos fortes e fracos, partindo da compreensão de que cada indivíduo tem um talento específico.

Como influenciador de pessoas, o líder atual deve estimular uma cultura colaborativa, uma gestão de competências e a busca pela evolução dos processos a fim de alcançar os objetivos propostos pela empresa.

APRENDIZADO SOBRE GESTÃO

Um bom gestor deve ter elevado nível de conhecimento da área ou das áreas nas quais faz a gestão. No caso de uma gestão geral, além do conhecimento em sua área de formação, o gestor deve buscar um bom conhecimento também sobre as outras áreas. Isso fará com que ele tenha melhores condições de discutir e direcionar boas estratégias em conjunto com sua equipe em relação às áreas específicas. Isso também fará com que o gestor tenha um desempenho melhor na estruturação da equipe, seja trazendo novos profissionais com os perfis e capacitações certas, seja capacitando a equipe interna.

Outra característica de um gestor de sucesso é a sua capacidade de entender de que é preciso construir uma equipe de alta performance formada por profissionais que, na maioria dos casos, serão melhores do que ele próprio. O gestor também precisa saber delegar e dar autonomia à sua equipe para o desenvolvimento das atividades e criação das soluções estratégicas. É muito comum encontrarmos gestores e empreendedores que centralizam muito a sua gestão e acabam se tornando o gargalo da empresa.

INSPIRAÇÃO/MOTIVAÇÃO PARA A CARREIRA

Eu tive, e continuo tendo, várias inspirações durante minha carreira. A todo momento vemos o surgimento de profissionais incríveis, com ideias e ações inovadoras que podem se aplicar ao nosso negócio. Me inspiro no exemplo do meu pai, pois com ele aprendi a perseguir meus objetivos sem desistir, ou pelo menos, a lutar muito antes de eventualmente desistir. Me guio também pelos valores por ele transmitidos como lealdade, compartilhamento e trabalho.

DICAS PARA QUEM ESTÁ INICIANDO NA CARREIRA PROFISSIONAL

A dica que eu daria para aqueles que estão iniciando sua carreira profissional é: valorizem e saibam aproveitar as experiências de profissionais com mais tempo de carreira. O segredo é saber mesclar o grande potencial dos mais jovens, que vêm com o mundo moderno incorporado em suas vidas e conseguem criar e operar com muito mais desenvoltura, com as experiências de mundo e de negócios dos mais velhos, que são fundamentais para o equilíbrio e sustentação das carreiras e dos negócios.

CAPÍTULO 7
UTILIZANDO O MÉTODO COACHING: AS PESSOAS APOIAM UM MUNDO QUE AJUDAM A CRIAR

"A resposta que você obtém está relacionada à mensagem que você envia. Se você não gosta da resposta, mude a mensagem."

O primeiro aspecto a se levar em conta é buscar argumentos e elementos que possam trazer a diferença entre gerenciar e fazer *coaching*.

É preciso que tenhamos uma certeza: as duas formas trazem benefícios! Porém, possuem focos diferentes.

Nesse sentido, enquanto uma tem como foco falar do resultado e da rapidez com que as coisas devem ser realizadas, a outra tem como foco falar sobre o desenvolvimento das pessoas.

Depois da apresentação dessas informações, costumamos dizer em nossas palestras que o problema é que, em geral, utilizamos mais o lado gestor do que o coach, ou seja, em geral, temos o foco no resultado da ação e não no desenvolvimento das pessoas, ao invés de explorar as duas coisas e, a médio prazo, obter resultados ainda melhores.

Vamos entender como e quando podemos trabalhar as duas coisas? Bem, para isso é importante observar a figura 7:

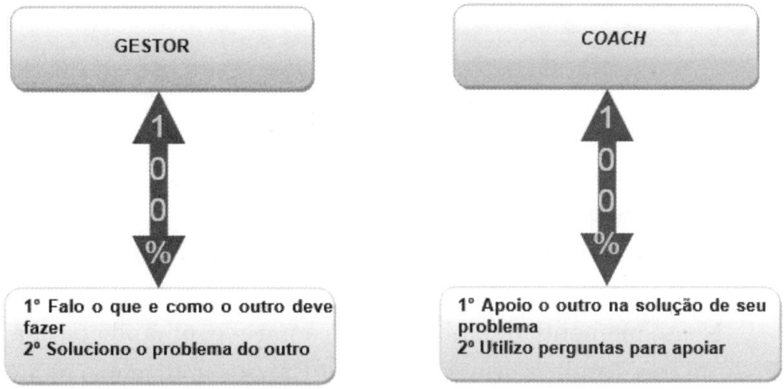

Figura 7 – Diferença entre gestor e *coach*

Vamos entender melhor onde está essa diferença. Eu, por meio do falar, posso dirigir ou comandar um cachorro, um macaco, papagaio... enfim, diversos animais menos inteligentes que seres humanos, correto? Se damos um comando e um cachorro consegue o seguir, sem muito esforço, o quanto vocês acreditam que exigimos ou exploramos da nossa capacidade humana quando emitimos esse comando? Em comparação, se extrapolarmos esse exemplo, passando para o comando de pessoas, quando apenas dizemos o que as pessoas têm que fazer e como devem fazer, não exploramos nada de sua capacidade. Absolutamente nada.

O nosso cérebro segue um princípio similar ao dos nossos músculos, respondendo à medida que o utilizamos. Se não utilizarmos um músculo, certamente, ele irá atrofiar. O músculo perde sua eficiência. Com o cérebro, é a mesma coisa. Se pensarmos que o que fazemos, a maior parte do tempo, é, basicamente, resolver problemas e tomar decisões (não importa se grandes ou pequenas), percebemos que, ao dizer o que fazer e como as pessoas devem agir em cada situação, os líderes fazem com que os colaboradores não se desenvolvam e fiquem dependentes do "gestor" para fazer e pensar em tudo.

Não estamos dizendo para fazer e ser *coach* o tempo todo, até porque, algumas coisas devem ser decididas de forma extremamente rápida. Imagine que, de repente, a empresa começa a pegar fogo, o que você faria? Perguntas para as pessoas ou falaria: "fogo, todo mundo para fora agora!!!". Às vezes, não há tempo, temos que comandar e falar rapidamente o que as pessoas precisam fazer. Outro fator a se considerar é que existem coisas para as quais as pessoas necessitam de sua aprovação ou aval, e nesse caso, também, não cabe o *coaching* (processo).

Agora imagine que temos, em contrapartida, uma série de oportunidades de desenvolver as pessoas e simplesmente não fazemos.

Façamos, aqui, um tipo de encenação, imagine a seguinte situação:

> Uma pessoa entra na sala do gestor e diz:
>
> — Éeee... chefe, liguei lá na transportadora, mas o Pedro não está lá...
>
> Neste momento o colaborador fica parado, olhando para a cara do chefe, só esperando a próxima ordem. Em geral, dizemos o que e como ele deve resolver aquilo.
>
> OK. AGORA, COMO SERIA FAZER COACHING COM ELE???

Passo 1: Tente apenas o apoiar para ver se ele mesmo consegue achar soluções para seus "problemas ou desafios", diga, olhando para ele: — E aí? Como vamos resolver isso?

Se seu colaborador der uma solução palpável ou coerente, continue com o apoio dizendo algo como: — Maravilha, é isso aí! Ou, algo como: — Vamos lá, você consegue. Ou, ainda: — Penso que esta é uma boa ideia, boa sorte!

Se o processo não andar... (o colaborador, diz não saber o que fazer).

Passo 2: Faça perguntas mais direcionadas, como: — Você tem alguma outra ideia? Quais outras opções você teria? O que mais você poderia fazer para atingir o resultado? O que você vai fazer de diferente para atingir esse objetivo?

Se der certo, volte para o Passo 1 e o apoie nisso. Mas, se o processo não andar... (o colaborador diz que já tentou tudo e não tem jeito), então siga para o passo 3.

Passo 3: Ofereça sugestões: — Você já pensou em tentar falar com outra pessoa? Será que não tem alguém que possa nos ajudar nisso? Você perguntou se tem outra pessoa que pode ver isso? Já pensou em passar lá pessoalmente?

Se der certo, volte para o Passo 2 (então, você acha que essa ideia pode funcionar?) e volte para o passo 1 e o apoie nisso.

Se o processo não andar... (o colaborador, diz algo como: "acho que nada disso dará certo"). Teremos um indício de resistência ou desmotivação, afinal, nenhuma das etapas anteriores fizeram com que ele se movimente.

Quando falo em desmotivação, é preciso citar a concepção de Moreira[32]: "[...] desmotivação se deve não só a fatores extrínsecos ao trabalho como o ambiente e o salário, mas também a fatores intrínsecos ao trabalho, como o reconhecimento profissional e a natureza da tarefa". Essa questão certamente daria um novo livro, porque são importantes e variados detalhes a serem avaliados.

Caso passar, de forma produtiva, pelo Passo 3, siga para o Passo 4.

Passo 4: Dar conselho: — João, acho melhor você se empenhar em resolver isso de algum jeito, pois, caso isso não chegue aqui até amanhã, teremos muitos problemas, tanto eu quanto você. Não adianta culpar os outros, nós temos que achar uma solução, está em nossas mãos e somos os responsáveis por resolver isso.

Se não funcionar, siga adiante, porém, atenção: talvez você tenha um colaborador muito resistente, ou que não tenha a experiência necessária para desempenhar a função que está realizando, ou, ainda, que não tenha autoconfiança e, por isso, não quer assumir responsabilidade, ou ele pode ter medo demais de tomar alguma decisão, ou receio de dar ideias com medo da punição do "chefe".

A menos que seja algo extremamente urgente, ou que só você possa resolver, podemos utilizar mais o *coaching*.

---

32 MOREIRA, Renata Fabiana Portugal. **A motivação e desmotivação nas organizações:** estudo realizado na Empresa Zara. 2013. 74f. Dissertação (Mestrado em Gestão de Recursos Humanos) – Instituto Superior de Economia e Gestão – ISEG, Universidade Técnica de Lisboa, Lisboa, Portugal, 2013, p. I.

Uma vez que os colaboradores começarem a responder aos estímulos e participarem mais, pensando e achando soluções viáveis, procurarão cada vez menos os seus gestores, tomarão mais decisões estruturadas e ganharão cada vez mais autonomia, facilitando a vida do gestor e trazendo resultados significativamente mais elevados. Estamos trabalhando agora para último "D", o do "Duplicar-se".

Então, vamos trabalhar...

ETAPA 1: Definir Foco

Vamos definir o foco da conversa, quais objetivos temos que atingir, ou qual problema temos que resolver.

O colaborador chegará querendo conversar sobre um problema (por exemplo). Começamos perguntando coisas como: Sobre o que especificamente você quer conversar? O que você espera dessa conversa? Você pretende ter definido o quê, ao final dessa conversa?

ETAPA 2: Descobrir Possibilidades

Para descobrir possibilidades, é preciso que você faça algumas perguntas, como, por exemplo: Quais ideias você tem para resolver isso? Quais são as possíveis soluções? Quais seriam as possibilidades para resolver isso?

ETAPA 3: Planejar Ação

Novos questionamentos devem levar o colaborador a planejar suas ações, de modo a não realizar atividades aleatórias, mas sim tendo um plano de ação. Assim, é preciso questionar: Como você pensa em fazer isso? Quando? Onde? Primeiro passo? Resultado esperado?

ETAPA 4: Remover Barreiras

Para incentivar a realização das ações, é preciso remover barreiras, assim, os questionamentos devem ser: O que poderia impedir você de conseguir isso? Que recursos você tem e, de que outros necessita? (internos – determinação, foco etc. ou externos como números, materiais, pessoas, dinheiro etc.).

ETAPA 5: Recapitular

Incentivar o colaborador a compreender o que deve ser feito, assim, é importante recapitular a partir desta questão: "então, vamos fazer um resumo do que conversamos aqui, ok?".

Outro aspecto que precisamos discutir, tem relação com a importância do *feedback* no ambiente organizacional, pois segundo Ramos e Cruz[33]:

> Em se tratando de indivíduos nas organizações, a cultura do feedback é um fator que pode contribuir para o desenvolvimento das pessoas, e por consequência da organização e da sociedade em geral. Para tanto, o instrumento fundamental para o desenvolvimento dos profissionais, o *feedback,* é um fator que está implícito no sucesso organizacional, devendo ser incluído como prática diária e ser cultivado pelas empresas. O seu principal objetivo é oferecer as informações necessárias para que os profissionais possam potencializar suas forças e superar suas fraquezas.

O *feedback* contempla um canal de comunicação e deve ser utilizado de forma a possibilitar aos colaboradores a demonstrar o que está sendo feito e, ao mesmo tempo, os líderes podem motivar o grupo a partir do que recebem como retorno.

7.1. *Feedback*

Abrimos, aqui, uma seção para falar sobre o *feedback.* Esse mecanismo de comunicação e retorno apresenta importantes considerações que devem ser analisadas no ambiente da empresa. Assim, tem-se que:

- ✓ O silêncio nem sempre é benéfico, visto que pode ser interpretado de diversas maneiras;
- ✓ A crítica é a forma mais ineficaz de *feedback*;
- ✓ O *feedback* misto dilui o impacto;
- ✓ Perguntas que levam à autoconsciência são a forma mais eficaz de *feedback* (*feedforward*) – método utilizado atualmente em grandes empresas como Disney, NASA, Sony Corporation, dentre outras.

Temos assim, diferentes formas de *feedback.* Vou utilizar, mais uma vez, a alusão com o mundo desportivo para elucidar como poderiam ser os *feedbacks* no caso de um atleta de vôlei:

O treinador diz: "você não está acertando a bola!!! "Você tem que acertar a bola!!!"

33 RAMOS, Lucimeri; CRUZ, Helio Alves da. A prática do feedback em uma organização industrial de São José/SC. XII SEGeT – Simpósio de Excelência em Gestão e Tecnologia. Tema: Otimização de Recursos e Desenvolvimento. 28 a 30 de outubro de 2015, p. 2.

O atleta responde: "a culpa não é minha. Eu estou tentando!"

O treinador diz: "ou você acerta a bola ou está fora!"

O atleta responde: "vou tentar, mas acho que a bola não está ajudando. Se trocar a bola, talvez eu consiga..."

Existe, de outra forma, o *feedback* corporativo em que se observaria o diálogo entre gestor e colaborador:

O Gestor diz: "você não está atingindo o indicador necessário para a sua função!!! Você tem que melhorar nesse ponto!!!"

O colaborador responde: "a culpa não é minha. Eu estou tentando!"

O gestor diz: "ou você melhora esse indicador ou está fora!"

O colaborador responde: "vou tentar, mas acho que a forma com que as tarefas estão distribuídas não está ajudando. Se as regras forem mais bem definidas, talvez eu consiga..."

Quanto ao método de *feedforward* aplicado junto a um atleta de vôlei:

O treinador diz: "fulano, **o que você pode fazer na próxima jogada** para que o nosso passe saia com mais eficácia?"

O atleta responde: "não sei... talvez tentar me antecipar à bola?"

O treinador diz: "ok! Vamos tentar e vamos ver como você se sai!"

Sobre a ocorrência de um *feedforward* corporativo temos o seguinte diálogo:

O gestor diz: "fulano, com relação a esse indicador, de que maneira você pode obter melhores resultados no próximo mês? O que você pode fazer de diferente para que, no próximo mês, consigamos evolução nesse quesito? Que ação ainda falta para que esse resultado possa ser ainda melhor? Para melhorar esse indicador, por onde você poderia começar? O quanto a melhoria desse item depende de você e como posso lhe ajudar nisso? Como você pode melhorar isso?"

O colaborador responde: "não sei... Talvez focar mais 'nisso' ou 'naquilo'?"

O gestor diz: "ok! Vamos tentar e vamos ver como você se sai! Acredito que o melhor caminho seja começar por 'XXXX'. Sei que teremos grandes resultados assim".

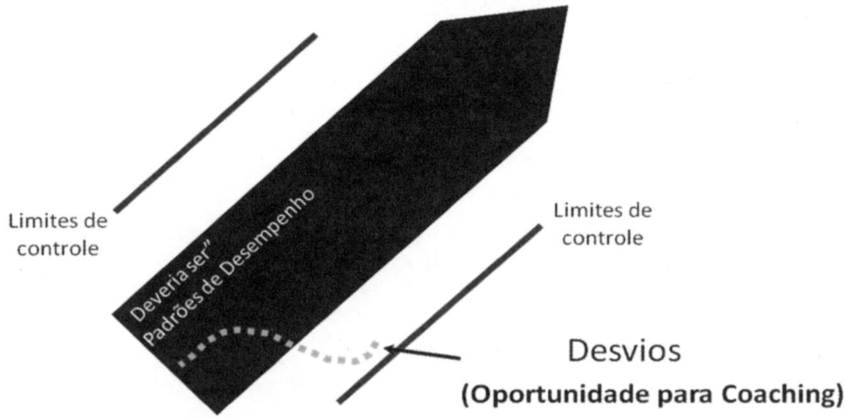

Figura 8 – Caminho para o alcance dos objetivos traçados

Certamente, o *feedback* e o *feedforward* são instrumentos de uma comunicação organizacional capaz de gerar um ambiente mais competitivo e, ao mesmo tempo, motivador, fazendo com que as atividades sejam concretizadas tendo a efetividade como base.

DIRETOR DA VB SERVIÇOS

"Os desafios na liderança são imensos nesse processo de planejamento, atitude e treinamento".
Paulo Eduardo Lozano

DADOS BIOGRÁFICOS

Paulo Eduardo Lozano nasceu em São Caetano do Sul-SP, em 1975. Filho de Claudio Lozano, que atuava como *Senior Manager* de produção da General Motors do Brasil e Carmelinda Ginja Lozano, que trabalhava como especialista de materiais na mesma empresa.

É casado com Rosana Prata Lozano e pai de Ricardo Prata Lozano e Felipe Prata Lozano.

Tem formação em diferentes áreas, graduação em Ciência da Computação pela Faculdade de São Caetano do Sul (SCSUL) e pós-graduação em Gestão Empresarial pela Fundação Getúlio Vargas (FGV). Possui também curso em Programação Neurolinguística (PNL) pela Sociedade Brasileira de Programação Neurolinguística (SBPNL) e curso em Terapia Comportamental pela Universidade de São Paulo (USP).

Paulo Eduardo Lozano, atua como *head* de gestão de clientes da VB Serviços – Empresa do Grupo Fleetcor, possui mais de 25 anos de experiência de carreira na área de Tecnologia da Informação (TI) e *Customer Experience*.

TRAJETÓRIA PROFISSIONAL

Iniciei minha carreira muito cedo, com 14 anos de idade, comecei a trabalhar em um chaveiro. Fiquei nesse trabalho apenas 1 mês pois, um dia meu chefe pediu para eu ir ao banco pagar uma conta e, no percurso, passei em frente a um escritório de contabilidade, olhei para o escritório e continuei meu caminho. Enquanto estava no banco, desempenhando a atividade solicitada, pensava como seria bom trabalhar naquele lugar. Aquele sentimento foi crescendo dentro de mim. Dias depois, fui novamente ao banco e, passando no escritório, entrei. Pedi para falar com a proprietária, disse a ela que queria trabalhar ali, aprender para poder fazer as coisas de forma melhor para mim e para o escritório.

Não sei se foi apenas sorte, mas ela me contratou e ali permaneci por 4 anos. Esse foi um período de aprendizado, ouvia mais do que falava e aprendia mais do que contribuía com o escritório, foi lá que criei uma base para iniciar a minha jornada. Com a ajuda do filho da proprietária do escritório fui participar de um processo seletivo na General Motors do Brasil (GM), no qual precisei de muita dedicação para ser selecionado, foi bem difícil.

Entrei na GM como analista de produção mecânica e, no mesmo ano, ingressei na Universidade para me formar em TI. Conforme o curso foi seguindo, percebi que a GM não era o que eu desejava para minha carreira e tomei a minha primeira decisão importante: deixei a GM do Brasil, com um cargo efetivo, para ser estagiário em uma empresa de TI.

DESAFIOS E RESULTADOS AO LONGO DA CARREIRA

Com isso, iniciei a minha história na EDS do Brasil, empresa também multinacional, mas menor que a GM. Tive a oportunidade de desenvolver diversos trabalhos interessantes e creio que meu maior desafio foi um projeto de reestruturação tecnológica para a Dow Química. Um dos resultados mais interessantes que tivemos nesse projeto foi a redução de custos, pois falamos, pela primeira vez, em voz/vídeo sobre Protocolo de Internet (VoIP), ou seja, as pessoas da Dow não precisavam viajar tanto e nem gastar valores tão altos de contas de telefone em razão das conferências e reuniões que se faziam necessárias em uma empresa globalizada, já que todas as chamadas podiam ser feitas através da Internet. Findado o projeto, me vi mais uma vez na necessidade de mudança e o fiz algumas vezes repetidamente, pois meu anseio por aprender e por participar de novos desafios sempre me motivava.

Saindo da EDS fui para a TIVIT, onde fui responsável por todo o departamento de Atendimento de Suporte de Campo e Guarda de Informações (Backup), tendo sob minha gestão uma equipe de 80 pessoas, sendo líder de implementação dos processos de qualidade, esse também constituiu um grande desafio em minha carreira.

Consegui marcas importantes para a TIVIT e seus clientes, melhorando a qualidade do atendimento em 95% e obtendo melhoria no sucesso dos processos de *Backup* (cópia de segurança de dados) em 99%. Nessa fase, tive um desafio diferente: saí de grandes corporações multinacionais para uma empresa brasileira. Só por essa alteração, minha forma de atuar sofreu impacto, os valores eram diferentes e as urgências também.

Os desafios, assim como os resultados, começavam a surgir. Assumi um time espalhado pelo Brasil, descaracterizado e com indicadores de performance muito ruins, a maioria dos clientes reclamavam do serviço prestado e ameaçavam cancelar os contratos. Nessa experiência o meu maior aprendizado foi a construção de um time dividido em diversas regiões do Brasil, um time sem identidade, posto que ficavam alocados nos mais diversos clientes e acabavam se tornando uma parte deles, esquecendo-se da empresa onde trabalhavam.

O desafio consistia em como criar essa identidade, como alinhar as expectativas de cada cliente com as da empresa, como fazer com que eles remotamente entendessem as SLAs[34] e como os fazer perceber que suas contribuições eram essenciais? Nessa oportunidade, como na época não havia uma plataforma on-line, a saída foi a aproximação constante das pessoas por meio de visitas presenciais recorrentes em cada localidade. Só que, apenas visitas e conversas não resolveriam os problemas em sua totalidade, as pessoas quando são ouvidas passam a, naturalmente, executar mais pelo simples motivo de se sentirem importantes, mas o que de fato precisa ser feito é as inserir no contexto e responsabilidade de cada entrega.

Uma vez que essa intenção foi atingida, vários meses depois, surgiu um

34 *Service Level Agreement* ou Acordo de Nível de Serviço (ANS): essencial na TI, refere-se as especificações de todos os serviços que contratante pode esperar de seu fornecedor.

segundo problema: o cliente estava acostumado a obter favores que não só atrapalhavam a entrega dos serviços constantes nos contratos dentro dos prazos, mas também geravam um conflito de expectativas. Nesse caso, iniciei mais uma etapa que contribuiu demais para a minha carreira e que, até hoje, é muito importante e ressaltado, aprendi a importância de escutar e entender o cliente. Porém, se apenas eu ouvisse cada cliente e aplicasse na integra seus anseios, os valores dos contratos não se sustentariam. Muitas vezes, a área de suprimentos negociava conosco, mas o cliente final não, temos expresso aí, o problema de expectativa *versus* o que fora comprado.

Nessa fase, o que me ajudou muito e recomendo ser feito continuamente é: sempre levar dados e os confrontar com as percepções. Eu fazia isso com os gerentes de nossos clientes, os responsáveis por serviços do contrato, em cada reunião que eu participava. No início, foram muitas reuniões difíceis, mas depois conseguimos aumentar nossos contratos, ganhar mais e focar nossos esforços no que realmente fazia sentido. Além de trazer mais receita para a TIVIT, conseguimos reduzir os custos no cliente pois comecei a entender o negócio a fundo e a opinar sobre quais seriam os melhores caminhos a seguir.

O que trago dessa experiência e sugiro a partir dela, é perceber como o crescimento desses dois fatores, a liderança do time e a confiança criada com todos os clientes e os colaboradores, facilitaram muito o processo de levar os contratos a níveis elevados de qualidade e rentabilidade. Tenho clientes dessa época até hoje na VB. Passados alguns anos, tendo conseguido superar os desafios na TIVIT, recebi uma proposta de meu antigo mentor para assumir um desafio ainda maior na minha carreira, indo, mais uma vez, para uma multinacional.

Novamente, deixei uma empresa em busca de desafios. Fui para a HP do Brasil, onde pude ter experiência internacional e fui responsável por desenvolver o 1º controle de ativos da América Latina para a Unilever, tendo como resultado o aumento de vendas em 12%, pois o modelo de ativos passou a atender melhor as áreas de negócio trazendo, assim, eficiência nos processos de trabalho dos vendedores que tinham informações mais precisas sobre os ativos utilizados no seu dia a dia. Nesse período mudei de uma equipe numerosa para uma equipe pequena e de especialistas, o que foi um desafio, com diversos MVP's[35], que eram nada menos que obrigatórios no nosso cotidiano.

35 MVP – *Minimum Viable Product*: Mínimo produto viável. Busca mensurar se o produto da empresa é realmente bom.

Outro grande desafio na Unilever era atuar em outros países. Assim, fui até a Argentina com o propósito de estruturar um time para executar uma tarefa solicitada pela HP Corporate. A execução era difícil, principalmente porque a experiência americana era como um modelo e deveria ser implantada nos diversos países de atuação da empresa, porém, uma vez que cada país tinha a sua particularidade de economia e cultura, esse modelo gerava resistência. Nesse cenário, pude ver como as pessoas reagem a cada situação e de que forma podemos lidar com as diferenças.

Nesse momento, pela primeira vez, eu me tornara gerente geral. Muitos países acreditavam que já tinham um resultado excelente e que em nada precisavam mudar, que as coisas poderiam ser feitas como sempre. Enfrentei diversos tipos de situações, desde falta de conhecimento sobre a cultura dos países que estava desempenhando as funções, até minha idade, que era sempre questionada, pois eu era o gestor mais novo da empresa. Nos países da América Latina, na época, a idade tinha um peso importante e, acreditem, cheguei até a deixar minha barba crescer para parecer mais velho.

Acredito que o grande exemplo, ou ação de sucesso, nessa nova experiência foi o de pensar "fora da caixa", pois tudo na empresa era "dentro da caixa". Com as dificuldades e desafios encontrados, percebi que as pessoas não estão preparadas para serem questionadas, principalmente aquelas que têm muitos anos de trabalho na mesma função. Mudar incomoda, gera trabalho e desgaste e isso é ainda pior para aqueles que acreditam estar tudo certo. Quem nunca ouviu as máximas: "sempre foi feito assim e funcionou e não vou mudar" ou, ainda, "em time que está ganhando não se mexe". Aprendi que não posso mudar nada pelo poder da hierarquia e do comando, preciso da parceria das pessoas.

Tivemos algumas demissões e novas contratações foram necessárias. Muito embora os novos colaboradores tivessem conhecimento dos nossos procedimentos de trabalho, houve um período de dificuldades para atingir os mesmos níveis anteriores de resultados. Foi necessário conhecer os aspectos geográficos e culturais da equipe e trabalhar "fora da caixa" para ter sucesso.

Aqui faço um parêntese: ser líder por reconhecimento é saber ouvir e lidar com a diversidade de opiniões, muitas vezes, contrárias à sua. É difícil lidar com isso, admito, mas precisamos pensar como um time e não individualmente, como bem colocado, não adianta sermos o "Rambo", temos que ser estratégicos, pacientes, analíticos e esperar a hora certa para tomar as decisões, também precisamos saber que não podemos demorar demais, pois podemos perder o momento de agir.

Depois de 4 anos intensos de HP, fiz mais uma mudança, que eu diria drástica, na minha carreira, fui para a Lexmark. O que mais me desafiou nesse período foi que deixei de ser líder para ser um especialista. Essa fase foi extremamente difícil e pude realmente saborear a perda total da vaidade, já que eu deixava de ser um "gerente" e passava a ser um projetista. Estava cansado de liderar pessoas, era muito difícil, o trabalho não dependia só de mim, então, decidi que queria ter o controle e não depender mais de ninguém, esse foi, sem dúvida, o movimento mais desafiador da minha carreira.

Passado esse período, me movimentei mais uma vez para uma empresa brasileira e de porte médio. Nessa experiência pude migrar de carreira, deixei o time de TI e assumi a área comercial de clientes. Agora sim, eu tinha um time extremamente pequeno e com foco total no cliente, conseguimos dobrar o faturamento da empresa em apenas 4 anos com um EBITDA[36] de 60%.

Como eu desejava fazer mais e nessa empresa o campo de atuação era limitado, migrei mais uma vez, fui para a GVT do Brasil (uma empresa de Telecom). Contudo, eu estava na área comercial. Nessa fase, pude colocar em prática todo o conhecimento antes aprendido, testei muitas teorias e aprendizados em diversas situações e, pela primeira vez, pude utilizar diversos MVP's que, na sua maioria, funcionaram. Apliquei os aprendizados de liderança, busquei quebrar paradigmas e inovar.

Na GVT pude, ainda, participar de comitês executivos e entendi como a minha equipe poderia contribuir para o negócio e não ser apenas mais um time, encarado como um custo necessário. Houve mudanças que permitiram tornar a equipe, que antes era apenas um custo operacional, em algo que gerava mensalmente valor em espécie, ou seja, além de atender aos clientes também maximizava a receita nas operações do dia a dia. Nessa experiência, pude aprender na prática aquilo que vi no curso da Netprofit: planejamento e treino. Ou seja, a execução era um grande ponto forte do meu time, mas ele não era eficiente na sua totalidade, seria possível alcançar melhores resultados.

---

36 EBIDTA - *Earnings before interest, taxes, depreciation and amortization* - Lucros antes de juros, impostos, depreciação e amortização.

Posteriormente, iniciei minha trajetória na VB, empresa do grupo norte americano Fleetcor um dos maiores do mundo e do qual faço parte até hoje. Na VB assumi duas áreas: o atendimento ao cliente e a área de projetos de implementação. Na área de atendimento cuido do processo desde a entrada dos clientes até sua retenção em nossa base. Nesse desafio tenho, mais uma vez, uma equipe numerosa (mais de 100 pessoas) que se reportam direta e indiretamente a mim. Iniciei essa fase apenas ouvindo as pessoas e pedindo que os problemas apontados fossem registrados, depois, por meio de vários *brainstormings,* o próprio time trouxe ideias do que poderíamos implantar para a solução dos problemas apontados.

Não foi de imediato que o time aderiu às mudanças, mas, aos poucos, comecei a conquistar as pessoas pelo modelo de liderança participativa, onde qualquer um poderia dar sua opinião, mesmo que fosse contrária a tudo e a todos. As opiniões são respeitadas na VB, cada um tem uma grande responsabilidade no processo. Nesse período, pude fazer os treinamentos na Netprofit e, com todo aquele conhecimento, fiz acontecer, saí do mundo das diversas ideias, que eram perdidas por falta de ação, para o plano da execução da maioria delas, com excelência nos resultados, que foram obtidos a partir de uma boa liderança.

Como líder, oportunizei que pessoas de minha equipe também fizessem o treinamento oficial na Netprofit. Com esse trabalho contínuo, na sequência do que eu havia aprendido e me comprometido a fazer, comecei a mudar a forma de pensar e agir da equipe. Houve relatos de pessoas que mudaram também a vida pessoal, pois o conhecimento e a experiência adquiridos foram internalizados. Esses treinamentos e a mudança de paradigma da equipe me ajudaram na transformação dos nossos resultados. Além da mudança nos resultados, houve uma modificação na atitude das pessoas, que antes entendiam que o conhecimento era a parte mais importante e era o que realmente mudava o resultado, porém a ação sempre ficava em terceiro lugar e, desse modo, as coisas nunca eram colocadas em prática.

Coloquei em prática, enquanto líder, o que tinha aprendido nos treinamentos, com os *checkpoints* diários eu via o progresso das ideias no processo de implementação e planejamento. Nessa fase muitas outras ideias, que pareciam impossíveis de fazer, vieram para a composição das tarefas. Mas, eu estava sozinho nessa frente, lembrei-me que não adianta ser o "Rambo" precisava ser o "*Sniper*" e, com isso em mente, acionei algumas pessoas para participarem comigo das minhas implementações e ideias. Com essa atitude consegui muito mais velocidade e assertividade, pois passamos a planejar em conjunto e testar as possibilidades para diferentes resultados.

As minhas ideias impactavam várias pessoas e processos no dia a dia da empresa e também influenciavam certos investimentos. Conseguimos envolver outras áreas da empresa que solicitavam, inclusive, a participação em nosso curso interno e que, posteriormente, também foram ao treinamento da Netprofit. Os resultados atingidos no meu time foram exponenciais, conquistamos o prêmio do consumidor moderno por 5 anos, melhoramos a nota da VB no Reclame Aqui para ótimo, crescemos 2 pontos percentuais em receita, implantamos ferramentas de gestão e tecnologia de ponta, o que antes era entendido como impossível de ser feito.

Fizemos também um mapeamento completo de atividades e responsabilidades por cargo. As pessoas não entendiam o básico, ou seja, como elas contribuíam diretamente para o resultado, para os clientes e para seus pares. Criamos um projeto que tinha o objetivo de entender as dificuldades das áreas vizinhas, pois era muito simples criticar os erros dos nossos pares ou apontar deficiências, mas trazer sugestões de melhoria era muito raro. O sucesso dessa iniciativa foi tão grande que hoje ministramos alguns "bate-papos" com ideias para diversas equipes tanto da VB quanto de outras empresas do grupo Fleetcor no Brasil.

Acredito que para o sucesso disso tudo, o papel da liderança é crucial. O líder tem efeito direto no resultado das pessoas, receita e clientes. Estamos em uma época em que o papel das pessoas é cada vez mais estratégico, pois o operacional, as máquinas e o sistema têm a função de executar. Então, ser o líder de hoje é muito desafiador, acredito que é necessário, mais do que nunca, pensar em formas de fazer as coisas por outros caminhos e, para isso, é necessário planejamento, testes e treino.

Mudar um processo nem sempre significa que ele irá melhorar, ele pode piorar mais ainda. Por isso, o líder precisa saber lidar com as diferenças e ser muito mais receptivo, se colocar a prova, se dar a oportunidade de aprender. O líder também precisa ser participativo e lembrar que as pessoas, da mesma forma, são participativas, ou seja, elas podem e devem querer contribuir para o todo, fazer parte e ser engajadas no processo.

Um líder precisa compreender que deve ser o "Sniper" e não enfrentar tudo sozinho, que precisa de apoio e esse apoio vem da equipe. O Líder que se diferencia, na minha opinião, é aquele que consegue fazer com o que a maioria convirja para o ponto comum. Além disso, o líder precisa saber cobrar o time, o resultado precisa vir no tempo certo para atingir o melhor potencial. É importante dar apoio e engajar os colaboradores, mas é preciso também solicitar atitude, pois em grande parte das vezes, as pessoas dão muitas sugestões, mas não saem para a ação. Existem algumas ferramentas para transformar as sugestões em ações, o curso HPE mostra isso claramente, ele traz essas ferramentas que ajudam nesse caminho.

Isso tudo serve para o hoje, pois como já disse, nosso cenário é de mudanças constantes e a dica aqui é acompanhar as mudanças, isso vai nortear as nossas ações, também acredito que não exista uma receita pronta, cada líder tem um ambiente diferente, um desafio diferente, uma equipe diferente e única e precisa treinar, precisamos sempre dedicar tempo a isso e, como não se tem receita pronta, o risco de sair fazendo sem nenhum tipo de treino é grande.

Os desafios na liderança são imensos nesse processo de planejamento, atitude e treinamento. Estamos sempre contra o relógio, planejar precisa de cuidado, foco e tempo. Para isso, precisamos entender o que é relevante para o negócio, o que realmente impacta e no que precisamos colocar esforço e ação.

INOVAÇÃO E SUA IMPORTÂNCIA NAS ORGANIZAÇÕES

Além da liderança ser crucial, atingir os resultados exponenciais também é muito importante, aí está o grande desafio entre o planejamento, execução e inovação. Minha sugestão é sempre buscar os recursos que temos disponíveis e que, na maioria das vezes, não enxergamos e entender onde eles podem impactar positivamente no processo. Não adianta injetar um monte de recursos, pois com recursos demais, podemos apenas os desperdiçar e, nem sempre, teremos o resultado esperado.

Os testes e treinos devem ser aplicados na fase de planejamento, precisamos ter certeza que esses recursos são direcionados para a parte que realmente tem relevância e que, no final, não serão desperdiçados. Aqui entra uma equação perigosa, temos que saber dosar o planejamento e sempre buscar a inovação, por meio dela podemos achar caminhos que irão nos suportar na busca de novas formas de fazer coisas que já estão sendo feitas, ou, até mesmo, de fazer coisas novas. Inovação é isso: fazer algo novo ou, simplesmente, refazer melhor o que já existe.

Minha carreira foi marcada por diversas fases, acredito que a forma de chegarmos ao topo é nos utilizarmos das lições e aprendizados provenientes dos resultados de nossas ações e, adicionado a isso, aprendermos também com a experiência de outras pessoas. Com essa união podemos criar o nosso caminho para o sucesso, não adianta dizer que um caminho é o mais indicado, pois estamos em constante mudança, as coisas mudam rapidamente, não podemos nos sedimentar com um conhecimento antigo, mesmo que tenha dado certo até hoje, precisamos o melhorar e inovar e a melhor forma de fazermos isso, é através da percepção que temos do mundo e de suas mudanças.

INSPIRAÇÃO PARA A CARREIRA

É claro que todos temos pessoas que nos inspiraram, seja no campo pessoal ou profissional. No meu caso, a inspiração para a minha carreira profissional foi Ayrton Senna, não apenas porque ele foi uma pessoa que se destacou na atividade que realizava, mas, especialmente, pela determinação de sempre ser o melhor em tudo que fez.

Acredito, inclusive, que Ayrton Senna seja uma inspiração para muitas pessoas, ainda mais, para àquelas da minha geração, que tinham na força, na garra e determinação do piloto um exemplo de quem é capaz de vencer seus próprios limites, fazendo sempre mais e buscando chegar na frente, mesmo que tenha que vencer muitos percalços e desafios, buscando atingir melhores resultados a cada novo dia e a cada nova tarefa realizada.

CONSELHO PARA QUEM ESTÁ NO INÍCIO DA CARREIRA PROFISSIONAL

Muito bem, então, o que precisamos fazer para sairmos da teoria e chegarmos a posições desejadas, tanto as hierárquicas como aquelas de conhecimento e importância no mercado? Muito daquilo que escrevi aqui pode fornecer uma noção do que precisa ser feito. Em cada desafio que passei, cada oportunidade, cada dificuldade o mais importante foi a minha ATITUDE.

Conforme começamos a tomar atitudes no dia a dia, geramos um comportamento que, com o passar do tempo, vira automático, começamos a o repetir naturalmente. Com essa fase concluída, começamos outro passo, que são novos pensamentos, advindos das diversas situações que encontramos no nosso caminho e, assim, começa tudo de novo. Em breve você terá um conjunto de comportamentos que irão te levar ao topo.

O que recomendo aos que iniciam uma carreira é: sempre analisem os resultados dos seus comportamentos, percebam se esse ainda é um comportamento válido, pois como disse, as coisas mudam rapidamente o tempo todo e precisamos nos adaptar e, se for necessário, mudar. A mudança quase sempre virá acompanhada da negação, mas se você possuir esse comportamento e aceitar que ela pode ser boa, você vai conseguir se adaptar aos novos métodos de fazer as coisas.

Aliado a isso, a liderança é ponto chave, principalmente se você deseja cargos elevados. Saber ouvir, analisar os fatos por mais lados possíveis (ser ágil nesse processo é crucial), entender e mapear as pessoas, saber lidar com os diferentes tipos de reações. Tomar ações que motivem cada tipo de pessoa de forma diferente, ou seja, motivar o corredor a correr e o forte a levantar.

Estar atento as mudanças e efeitos que nos cercam, compartilhar com o time, pedir opiniões e agir. O mais importante e que vocês podem perceber em todo o meu relato é que sempre agi diante as oportunidades e os desafios, nunca deixei que ninguém ou nada me parasse. Então, deixo a todos um pouco da minha vivência e espero que, com isso, tenha conseguido os tocar, na menor parte que seja, ou, até mesmo, que uma pequena passagem minha tenha os motivado para a ação.

CAPÍTULO 8
CRIAR UM PIPELINE DE INOVAÇÃO, OU FICAR SEMPRE EM SEGUNDO LUGAR

"O programa me ajudou muito a ver as limitações que eu mesmo havia me colocado, ajudando, verdadeiramente, a pensar, criar e inovar de forma eficaz".
Denilson Alttman (Gerente Regional – Slavieiro Hotéis).

"Não tenha medo de fracassar. Saia, experimente e obtenha uma taxa com base em suas experiências. Tente e você aprenderá do que é capaz, qual é seu potencial e onde as oportunidades estão".
Michael Dell, CEO da Dell.

Nesse capítulo, diante de tudo que já foi exposto, fechamos o ciclo de aprendizados voltando a uma questão abordada no primeiro capítulo. Estou falando do verdadeiro diferencial competitivo de uma empresa, que é subutilizado, e da busca por um posicionamento profissional *"extra-ordinário"*.

A grande questão, que move a discussão da temática aqui apresentada é: Como descobrir novas formas de fazer com que a empresa em que você atua se torne ainda mais competitiva, lucrativa e sustentável também em médio e longo prazos? Aqui entra um dos pontos chave de nossa metodologia: criar um *pipeline* para inovação.

Quando falamos de inovação, é importante citar o entendimento de Grizendi *apud* Mascarenhas Bisneto e Lins[37]: "[...] a inovação é algo novo ou melhorado, com aplicabilidade para pequeno ou grande número de pessoas que a adota, trazendo algum tipo de retorno econômico, financeiro ou social".

A inovação deve se tornar parte do seu DNA, deve ser inserida em sua rotina e ganhar cada vez mais espaço e espontaneidade na forma como você e sua equipe costumam agir diante das coisas.

É preciso começar a enxergar e a questionar as possibilidades como oportunidades de "fazer diferente" e de se destacar. Para isso, existem alguns recursos e técnicas, que costumam gerar resultados ainda mais concisos e, sobretudo, que causam maior impacto na lucratividade da empresa.

Dentro desse contexto, existem três áreas-chave de foco:

1°) Inovar para resolver problemas - GAP´s e falhas (básico);

2°) Melhoria contínua - ajustes constantes na operacionalização das atividades (básico para empresas de médio e grande porte);

3°) Sair da Caixa - ver as coisas por outro ângulo, sair da caixa a fim de encontrar novas oportunidades, com uma postura mais proativa (básico para qualquer empresa, mas, de fato, fazemos pouco em relação ao que deveríamos ou poderíamos).

Na primeira hipótese, normalmente, somos forçados a inovar a partir do momento em que nos deparamos com uma crise. Na segunda possibilidade, a ação de melhoria ocorre gradativamente, de forma mais simples, mediante a observação do que já existe.

---

37 MASCARENHAS BISNETO, José Pereira; LINS, Olga Benicio dos Santos Marques. Gestão da inovação: uma aproximação conceitual. **Revista Brasileira de Gestão e Inovação.** 3(2):86-109, jan./abr. 2016, p. 87.

Asseguro, assim, que o desafio está na terceira prática de inovação. O que é comum ouvir e ver em reuniões e conversas corporativas é que a ação de começar a "pensar fora da caixa" fica apenas no discurso e, de fato, não acontece na prática. Uma evidência disso é que continuamos a estimular isso junto aos colaboradores dia após dia.

Em geral, isso não acontece por vários motivos, entre eles:

1) Na maioria dos casos, não é prioridade (a prioridade é fazer o que é preciso e bater a meta);
2) Pode parecer arriscado (dizemos sempre em nossos treinamentos que pensar fora da caixa não significa agir sem pensar, ou seja, pensar fora da caixa não significa necessariamente pôr a ideia em prática e colocar ideias no papel não quebra uma empresa, até onde sabemos);
3) Não conhecemos uma forma eficaz e sistemática para fazer isso na prática;
4) Resistência a mudanças (muitas pessoas, acomodadas em suas rotinas de trabalho, me perguntam: "por que mexer em algo que está funcionando?". E eu respondo: "para que funcione ainda melhor, mais rápido, com menor custo e em maior quantidade").

Isso significa dizer: mesmo que tudo esteja correndo dentro dos conformes, é recomendável que você esteja sempre um passo à frente da concorrência e, para isso, você vai ter que exercitar ações inovadoras daqui por diante.

Para compreender o que digo, vou relatar algo que aconteceu quando eu estava aplicando uma sessão de *coaching* em um executivo, que é fundador e foi o presidente de uma grande empresa.

Durante o treinamento, ele me contou que houve uma época de sua vida em que não aguentava mais ver sua equipe apontar problemas sem pensar em soluções. Movido por esse incômodo, ele decidiu capitanear um tipo de campanha interna em suas reuniões, na qual toda vez que alguém fosse relatar um problema, seria preciso também trazer uma sugestão de solução.

A tática parecia funcionar, mas não alcançava a efetividade que ele esperava. Seus diretores até apresentavam algumas ideias, porém, as soluções propostas eram sempre as mesmas, baseadas em ações óbvias e já desgastadas ou ultrapassadas, como, por exemplo, baixar o preço dos produtos, fazer mais propaganda ou contratar mais vendedores.

Com o passar do tempo, o presidente da empresa deu um basta nesse tipo de sugestão e anunciou que desejaria ouvir coisas novas e diferentes dali por diante, ou seja, ele estava solicitando ideias inovadoras para dinamizar a sua empresa, de forma efetiva.

Ele iniciou outra campanha a fim de estimular sua equipe a sair em busca de ideias diferenciadas, porém, quando teve retorno, percebeu que as sugestões levantadas não estavam conectadas com os objetivos principais da empresa. As propostas causariam impacto no negócio e demandariam mais custos do que investimentos, ou, simplesmente, não tinham nenhum embasamento e não passavam de "achologia" ou "achismo".

Bom, diante desse fato, o presidente decidiu mudar de estratégia novamente e estabeleceu que aprovaria somente propostas que apontassem resultados mais assertivos. Para cada dólar que a empresa tivesse que investir, ele gostaria de obter uma projeção de, no mínimo, 4 dólares de retorno em um prazo máximo de 12 meses. Com essa nova exigência, a situação piorou. Os colaboradores simplesmente desistiram de dar ideias. E pior, pararam de reclamar dos problemas, dando certa impressão de acomodação e conformismo.

Ao relatar tudo isso, ele me perguntou: "e agora? O que faço? Não sei mais como proceder com essa equipe!". Foi quando comecei a tecer algumas considerações.

Os líderes estão sempre esperando que seus colaboradores tragam soluções ao invés de problemas; que apontem novas ideias e que sugiram algo que possa gerar mais lucro, preferencialmente, lucro líquido.

Qualquer iniciativa que proporcione um aumento do lucro líquido será analisada com mais interesse e cuidado do que outras propostas que não ofereçam esse tipo de resultado. Qualquer ideia que demande custo, sem perspectiva de retorno (ROI) provavelmente será imediatamente descartada, sem chance para explanações em sua defesa.

É assim que funciona o mundo corporativo. Ele é implacável: "vai dar lucro, vamos em frente! Não vai dar lucro, esquece!". Assim são as empresas e assim é o negócio. Para um presidente ou CEO de uma corporação, isso é o básico, certo?

A partir daquela sessão de *coaching* percebi que os executivos, em sua maioria, não sabem como transformar uma equipe em um time capaz de propor inovações. E, ainda mais impressionante: eles não percebem isso e demoram a admitir que estão andando em círculos.

O processo de inovação deve seguir uma estrutura que muitos chamam de "*Pipeline* de Inovação". Porém, nós da Netprofit, acreditamos que a maioria dos processos aplicados por muitas empresas são subutilizados e não exploram, verdadeiramente, todo seu potencial. Isso ocorre devido à adoção de métodos ultrapassados de pensamentos e sistemáticas ineficazes, que podem até ter apresentado algum resultado no passado, no entanto, atualmente se demonstram obsoletos e incapazes de alcançar a efetividade desejada. De acordo com a nossa maneira de promover inovação, é preciso separar o processo em duas das três áreas chaves de foco citadas anteriormente.

Melhoria contínua é fundamental para o crescimento, pessoal e profissional, porém do modo como se apresenta, na maioria das empresas, parece estar alicerçada no passado, e não nos dias de hoje. Vale ressaltar que toda vez que tentamos promover uma melhoria no estado atual, nossas opções são extremamente limitadas e as melhorias mais parecem ajustes e não uma "*super inovação*".

Assim, podemos citar como exemplo, um homem que mora numa casa de dois andares, construída em um terreno de 50 metros quadrados. Eu posso perguntar a ele: "o que você gostaria de melhorar na sua casa?" Mas, também posso perguntar: "como você gostaria que a sua casa fosse? Esqueça a casa que você tem hoje e imagine uma casa ideal! Como ela seria?" Se consideramos que o imóvel real tem problemas na fechadura, na janela e trincas oferecendo riscos à integridade dos moradores, entre outros problemas, parece óbvio que o homem deve primeiro arrumar isso tudo antes de pensar em algo realmente diferente e melhor. Porém, se ele não pensar na hipótese da "casa ideal", nunca será capaz de perceber os recursos que faltam para alcançar o que deseja e, com isso, nunca conseguirá achar caminhos para um dia chegar lá.

Portanto, independente de qual seja a sua área de foco neste momento, algumas considerações devem ser feitas:

> 1º - O pior ambiente para inovação é aquele em que os times estão tendo péssimos resultados, em baixa performance, estagnados nos seguintes quadrantes do *nine box*: 9 – APATIA; 7 – ANSIEDADE; 6 – TÉDIO; 8 – PREOCUPADO e 3 – RELAXAMENTO. Neste cenário, as pessoas não costumam ser muito participativas e nem colaboram

com iniciativas e atitudes. Elas não estão inspiradas para pensar em formas inovadoras de colocar algo em ação.

2º - O melhor ambiente para inovação é aquele em que os times estão tendo bons resultados, em alta performance e/ou se sentindo nos seguintes quadrantes do *nine box*: 5 – BEM-ESTAR; 4 – EMPOLGAÇÃO; 2 - CONTROLE e 1 – FLOW. Nesse cenário, as pessoas são mais participativas, colaborativas e se sentem inspiradas para ter ideias e inovar.

Sendo assim, podemos concluir que, no primeiro cenário, com equipes apáticas e, em geral, com resultados abaixo do esperado, devemos inovar por uma questão de necessidade e sobrevivência. Isso porque, nesses cenários, as empresas podem apontar baixa competitividade e péssimos resultados, muito aquém do que poderiam ou deveriam ter. Com base nisso, a frase-chave é: INOVE e seja rápido!

No segundo cenário, é possível perceber que devemos inovar pelo simples motivo de que esse terreno é mais fértil e produtivo. É nele que conseguiremos trabalhar da melhor maneira, fazendo uso da segunda área-chave de foco: Encontrar Saltos de Crescimento.

Desde o início desse livro, nosso foco foi direcionado para a melhoria contínua, ou seja, desenvolver o time, aumentar sua efetividade e atingir a alta performance.

Somando a metodologia que ensinamos aqui, com o seu empenho e dedicação na aplicabilidade das técnicas e orientações transmitidas, você vai conseguir elevar seu time para o segundo cenário e, com isso, terá total aderência na busca de saltos de crescimento.

Começamos, então, um grande jogo! Talvez o maior do seu negócio que, se bem aplicado, poderá mudar o rumo das coisas definitivamente.

Vamos dividir nossa estrutura (nosso *Pipeline* de Inovação) em 7 passos para facilitar o entendimento:

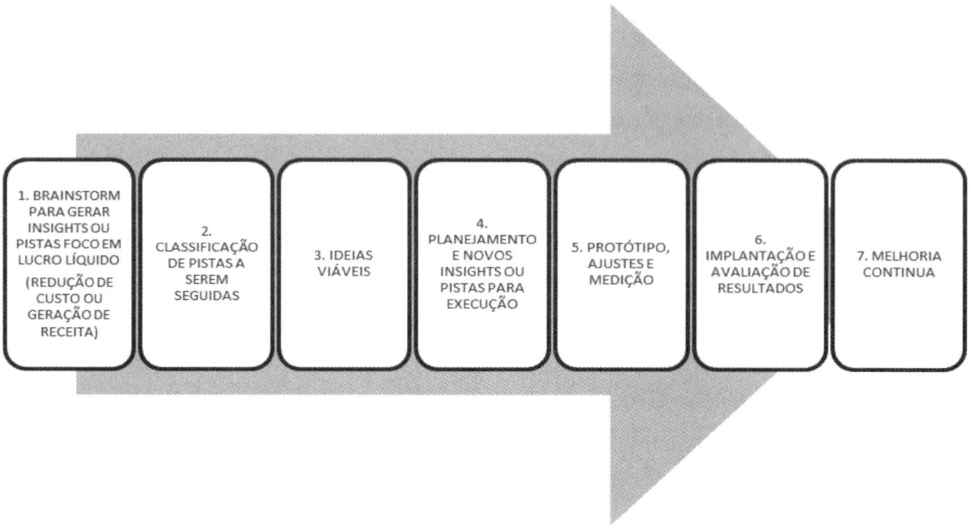

Figura 9 – *Pipeline* de Inovação

Agora, depois da exemplificação gráfica do *Pipeline* de Inovação, passamos a entender como funciona cada passo: 1. *Brainstorming* para gerar *insights;* 2. Classificação de pistas a serem seguidas; 3. Ideias viáveis; 4. Planejamento e novos *insights* ou pistas para execução; 5. Protótipo, ajustes e mediação; 6. Implantação e avaliação de resultados e 7. Melhoria contínua.

8.1. *Brainstorming* para Gerar *Insights* e Pistas

Neste caso, com foco em lucro líquido, de forma a alcançar a redução de custo ou geração de receita. Nosso foco aqui é 100% em quantidade e não em qualidade. Quando falo quantidade, me refiro a uma imensa capacidade de produção em série, algo gigantesco. Um trabalho muito mais pesado do que estamos acostumados a realizar.

Em geral, esse é o passo que chamaríamos de *brainstorming*. Porém, é importante entender o que esta palavra significa. Ela pode ser a representação, usando uma expressão mais usual, de "uma tempestade de ideias". Porém, vale lembrar que qualidade e quantidade são duas coisas bem antagônicas. Para ajudar, vou recorrer a uma frase do gênio chamado Linus Pauling – Prêmio

Nobel de Química, em 1954: "a melhor maneira de ter uma boa ideia é ter um monte de ideias".

Diante disso, é possível concluir que o primeiro passo é realizar um *brainstorming* com foco em quantidade e não qualidade. Agora, vamos entender a natureza desta ação, levando em conta a interpretação literal de seu significado: tempestade de ideias!

O que caracteriza uma tempestade? Uma grande quantidade de água? Volume intenso? Uma enxurrada estrondosa em um curto espaço de tempo? Trazendo o significado para o campo das ideias, devemos nos perguntar: quantas ideias são geradas em um curto espaço de tempo quando nos reunimos com nosso time a fim de fazer um *brainstorming*?

Quando levanto essa questão entre os executivos, costumo ouvir como resposta: "ah, faz uns três meses que fizemos nosso último *brainstorming*. Durou três horas e tivemos duas boas ideias".

Então, eu pergunto: "isso é um *brainstorm*? Duas ideias em 3 horas?". Bom, talvez o grupo estivesse à procura de uma ideia genial, mas quando questiono sobre isso a resposta é sempre a mesma: não!

Para ser um *brainstorming,* de fato, o time precisaria ter levantado por volta de 100 ideias em 10 ou 15 minutos, no mínimo, isso por pessoa que estiver participando da reunião, ou seja, se estamos falando de um grupo com cinco participantes, então, a meta são 500 ideias lançadas em 10 minutos ou 1.000 ideias em 20 minutos.

Quando cito isso, as pessoas se espantam e alegam que estou falando de algo impossível. Costumo argumentar que, nos treinamentos da Netprofit, temos um grupo de 25 pessoas em média e com os exercícios propostos conseguimos gerar de 2.500 a 3.000 ideias em 20 minutos.

É importante entender isso, pois, esse será o nosso primeiro passo! Se ele não for bem feito, os demais, certamente, também não vão funcionar como deveriam. Afinal, o sucesso da chegada tem relação íntima com a qualidade e assertividade do início da corrida.

Para isso, vamos entender como aplicar esse passo a fim de extrair o máximo de sua potencialidade, alcançando o estágio "extra-ordinário". Tudo se inicia na mecânica de nossos pensamentos e de como eles são processados. Geralmente, temos duas formas de raciocinar que vamos ver a seguir: "Pensamento Luz Verde" e "Pensamento Luz Vermelha".

PENSAMENTO LUZ VERDE: é onde o verdadeiro *brainstorm* acontece. Nesse estado de pensamento, o julgamento é adiado. Aqui, a sensação gerada é a de que tudo é possível.

PENSAMENTO LUZ VERMELHA: é o raciocínio crítico e lógico. Em geral, esse estado de pensamento surge logo após o "Pensamento Luz Verde". Você tem uma ideia, mas, na sequência, a sua mente apresenta uma série de bloqueios e dificuldades, apontando que a sua ideia não pode se realizar. E assim, o "Pensamento Luz Vermelha" elimina a sua ideia antes mesmo que ela possa criar corpo e encontrar uma forma de ser viabilizada.

Pessoas consideradas "geniais" são aquelas que costumam explorar com maior intensidade os "Pensamentos Luz Verde", enquanto pessoas consideradas "menos criativas" são aquelas que mantêm os "Pensamentos Luz Vermelha" sempre em predominância.

Fazer parte do segundo grupo não é, necessariamente, um problema, porém, o foco excessivo em "Pensamentos Luz Vermelha" costuma dificultar e até impedir que algumas ideias e ações aconteçam. Na verdade, a história mundial está mergulhada na cultura de "Pensamentos Luz Vermelha". Isso provém de uma estrutura educacional que não estimula o "Pensamento Luz Verde", ou seja, o lado criativo e inovador que geralmente temos na infância.

A maior parte das escolas não busca incentivar essa prática nas crianças e adolescentes, exceto algumas que, atualmente, estão investindo em formatos de ensino voltados ao desenvolvimento pessoal dos alunos.

Além das escolas, temos também as igrejas e o ambiente familiar, que contribuem na formação do indivíduo. Portanto, é preciso estar atento ao tipo de pensamento que tem sido passado de geração em geração, das mais variadas maneiras.

As crianças se tornam adultas, vão para o ambiente de trabalho e são excessivamente cobradas por competências que nunca foram exploradas em 20 anos de formação acadêmica. Competências como inovação, criatividade, engajamento, trabalho em equipe, empreendedorismo, dentre outras, que são essenciais tanto para pessoas quanto para empresas e, na maioria dos casos, estão adormecidas, não foram treinadas para desenvolver tais pensamentos. As pessoas nascem com todos os recursos necessários para atuar no campo da Alta Performance, porém, são podadas constantemente ao longo de suas vidas.

Chegou o momento de mudar essa conjuntura! Claro, não podemos querer que pessoas, após duas ou três décadas de estímulo de "Pensamentos Luz Vermelha", sejam, prontamente, transformadas em seres que desenvolvem "Pensamentos Luz Verde". Porém, se nos dedicarmos a promover essa mudança, usando técnicas assertivas, em um curto período, elas serão capazes de colocar em pleno exercício a capacidade criativa e inovadora existente dentro de cada um.

Saiba que, nesse treinamento, o papel do líder (facilitador do processo), muitas vezes é similar ao do *coach*. Sua atuação é determinante e vital para o resultado da aplicação das práticas que vamos falar aqui.

É importante lembrar que a meta é gerar uma grande quantidade de *insights* – ou pistas – com foco em lucro líquido. Isso significa dizer que vale qualquer coisa, mesmo que a ideia não pareça viável num primeiro momento. A "Luz Verde" precisa estar ativada. Muitas vezes, a ideia já vem quase pronta e, quando exposta, acaba sendo complementada, podendo se tornar algo espetacular.

Portanto, dentro desse processo, devemos extrair as pistas para as seguir e quanto mais "sinais", melhor! Isso porque as chances de chegarmos ao objetivo final aumentam consideravelmente.

É preciso tomar cuidado para que você, como líder ou facilitador, não complique o "jogo" na condução ou iniciação do exercício.

Eu, sinceramente, gosto de citar exemplos, pois considero que eles facilitam a interpretação e a construção de conhecimento. Assim, exemplifico que já vi líderes iniciarem a dinâmica dizendo: "agora faremos um *brainstorming*. O objetivo é vender mais! Então, quero que vocês me apresentem ideias geniais. Podem começar a falar! Quero escutar algo que nunca ninguém pensou, algo que seja realmente inteligente e que possa transformar nossa empresa. Ah! Quero também que esta ideia aumente nossas vendas em 35%, que é a diferença que temos hoje para atingirmos a meta".

Vamos analisar o discurso em questão: o líder quer ouvir algo genial, jamais pensado, alcançando 35% das metas e que, além disso, consiga transformar a empresa? Bom, não sei você, mas eu não tenho a menor noção do que poderia atender a tudo isso.

Perceba que a condução do líder em questão possui uma série de agentes geradores da "Luz Vermelha". Da maneira como ele apresenta a situação, fica impossível pensar algo genial porque nossa mente só nos diz: "estamos ferrados".

O problema é que, quando ele começa a colocar um monte de critérios e cobrar um altíssimo grau de qualidade e excelência, dificilmente alguma ideia vem à tona. Mesmo que alguém do grupo chegue a verbalizar alguma sugestão, sua ideia, evidentemente, ainda estará em estado embrionário (pois acabou de ser pensada e não houve tempo para maturá-la), ou seja, não atenderá a todas as exigências solicitadas pelo líder.

Há, ainda, outro fator que pode agravar o processo de nascimento de uma ideia: quando o "Pensamento Luz Vermelha" de outra pessoa entra no jogo! Aquele momento em que algum membro do time apresenta uma ideia e outro balança a cabeça em sinal de negativo, como quem diz: "isso não vai dar certo".

Muitas vezes, essa postura pode partir também do próprio líder, que menospreza a proposta apresentada e ainda pede que alguém exponha algo melhor que aquilo. Isso mobiliza os outros integrantes a ficarem calados, temendo nova reprimenda, o que torna a reunião uma total perda de tempo.

Muitos líderes não entendem que é quase impossível sair do nada para a "grande ideia", ou seja, sair do zero para o cem por cento de excelência – isso sem antes passar pelas etapas 1, 2, 3 e assim por diante.

Thomas Edison, um gênio da ciência inventiva, dizia que a "inovação consiste em 99% de transpiração e 1% de inspiração". Nós, da Netprofit, também acreditamos nisso!

Para que as coisas aconteçam, vamos conhecer algumas dicas, de extrema importância, para primeira etapa do nosso processo:

Reunião de *Brainstorming* com foco em lucro líquido: Ninguém deve falar durante o *brainstorming*. Isso mesmo! Falar estimula os "Pensamentos Luz Vermelha"! Começa-se a imaginar o que os outros vão pensar da sua proposta e se acaba desistindo dela. Além disso, quando o grupo se reúne para falar, alguns debates acabam virando uma discussão sem fim, tomando parte importante do tempo de "criação" e não levando a lugar nenhum. Portanto, o correto é orientar as pessoas a anotar suas ideias, *insights* e pistas para serem investigadas posteriormente, sem conversar ou falar em voz alta.

É importante determinar uma meta para o número de ideias propostas. Esta meta pode variar de 30 a 100 ideias/insights/pistas por pessoa, em um tempo pré-definido, que pode variar entre 20 a 40 minutos. Parece muito, mas não é! Veremos isso mais adiante, na prática!

O ambiente escolhido para a reunião deve ser, preferencialmente, informal e descontraído, porém, sem levar as pessoas a perderem o foco na realização do exercício.

A condução oral do líder deve ser simples, clara e direta, sem dar margens de expectativas ou critérios pré-definidos. Por exemplo, ao invés de dizer "quero que vocês façam...", você poderia iniciar da seguinte forma: "de que maneira PODEMOS...". Outra dica: não pergunte se dá ou não para fazer algo, pois isso levará as pessoas a usar a LUZ VERMELHA, antes da LUZ VERDE. Isso muda radicalmente a forma como as pessoas vão encarar o exercício.

Conduzir o processo incentivando, motivando, apoiando, desafiando, instigando e presenteando seus colaboradores com gestos, palavras e com coisas simples, como bombons ou algo do tipo, até que todos tenham superado a meta estipulada. Lembrando que as pessoas que atingirem a meta podem e devem continuar contribuindo até que todos tenham conseguido. Afinal, uma meta é para ser superada e não apenas atingida.

Uma vez concluída essa primeira etapa de reunião de *brainstorming*, para gerar *insights* com foco em lucro líquido (redução de custo ou geração de receita), vamos para a segunda etapa do nosso processo, a classificação de pistas a serem seguidas.

8.2. Classificação de Pistas a Serem Seguidas

Imagine que você tem agora uma porção de ideias embrionárias, *insights* e pistas. Seu primeiro pensamento é: "o que fazer com todas elas?". Bom, a primeira dica é utilizar um processo rápido e simples de triagem.

Costumamos nos fundamentar em um método de triagem inspirado em uma técnica que Walt Disney aplicava em seu processo criativo, que se dividem em três perspectivas: o Sonhador, o Realista e o Crítico.

Alguns autores sugerem que as pessoas procurem encontrar estes três estados por meio de perspectivas mentais, ou por intermédio de conduções guiadas propostas pela PNL (Programação Neurolinguística).

Nos treinamentos da Netprofit, nós conduzimos essa ação de forma estrutural, considerando as variáveis e a realidade corporativa, descrevendo o processo de forma operacional e pensando, na prática, como ele pode acontecer envolvendo as pessoas. Da seguinte forma:

1° Etapa - Busca de ideias, *insights* ou pistas: Imagine um grupo reunido em uma sala em que qualquer pessoa tem a possibilidade de entrar e participar, clientes, colaboradores e fornecedores, ou seja, um público bem diverso. É nesse ambiente aberto, sem critérios, que melhor se propicia a realização de um *brainstorming*.

2° Etapa - Categorizando o material coletado: Imagine agora que o grupo em questão gere uma porção infindável de ideias, *insights* e pistas. A partir disso, o conteúdo adquirido é levado para uma segunda sala, desta vez formada por pessoas consideradas especialistas, como, por exemplo, engenheiros, mecânicos, físicos, químicos, profissionais da área de tecnologia, dentre outros.

Esse novo grupo avalia o material reunido e classifica cada proposta levando em conta três categorias:

1°) Ideias Possíveis: algo viável e de fácil execução, pois já possuímos todos os recursos (físicos, tecnológicos, financeiros, humanos etc.) necessários para essa realização;

2°) Ideias Complexas: aquelas que são mais difíceis de serem executadas, mas, com algumas providências, podemos as tornar reais. Geralmente, sua complexidade se deve ao fato de não termos todos os recursos (já citamos anteriormente) necessários para viabilizar tal projeto;

3°) Ideias Impossíveis: aquelas que carecem de recursos (já citados) que simplesmente não existem.

Bom, depois dessa triagem, apenas uma parte das ideias são levadas para uma terceira sala. Desta vez, o grupo presente nesse novo ambiente é formado por pessoas acima da média, ou seja, seres extraordinários. Indivíduos que já fizeram coisas incríveis e superaram grandes desafios para chegarem aonde estão. Pessoas que acreditam e persistem em ideias taxadas de "impossíveis". Para esse grupo, o combustível da vida é o desafio.

Estariam, nesse terceiro grupo, ex-presidentes de grandes empresas, gurus, pensadores, mentores, *coaches* e *experts* das mais diversas áreas. A missão dessas pessoas é transformar as ideias categorizadas como impossíveis em projetos realizáveis.

Isso é real! Não é à toa que a Disney é uma corporação líder em seu ramo de atuação e fatura bilhões ao ano, além de proporcionar experiências únicas e inimagináveis para seus clientes. Portanto, é importante que você compreenda o conceito que utilizamos, mas que também saiba adaptá-lo para sua estrutura de trabalho.

Imagine, então, que você se reuniu com o seu time e obteve 500 ideias, muitas ainda em estado embrionário, *insights* ou pistas. Você deve se reunir com os consultores e especialistas internos e, se achar necessário, recorrer também a profissionais contratados externamente, para avaliar e promover a triagem desse material coletado no *brainstorm*.

Para isso, você pode utilizar uma matriz do conceito Disney com a Curva ABC de impacto em Lucro Líquido, a fim de definir quais pistas devem ser inicialmente seguidas, de acordo com os números apontados:

CLASSIFICAÇÃO	A ALTA	B MÉDIA PROBABILIDADE DE GERAR MAIS LUCRO LÍQUIDO	C BAIXA
POSSÍVEL	1	2	7
COMPLEXA	3	4	8
IMPOSSIVEL	5	6	9

Quadro 1 – Classificação ABC

Isso significa dizer que, após classificar as ideias embrionárias, os *insights* e as pistas, dedique sua energia na realização daquelas que são POSSÍVEIS, que tenham alta probabilidade de gerar mais lucro líquido, classificando-as no quadrante de número 1. Prossiga assim até classificar todas. Ao término, vamos para a terceira etapa do nosso aprendizado.

8.3. Trabalhando as Ideias Viáveis

Nesta terceira etapa, devemos trabalhar com as ideias selecionadas de modo a não desistir delas logo nas primeiras dificuldades. Devemos entender que o processo de inovação não é linear, ou seja, ao achar uma possível solução, você irá se deparar com mais uma série de problemas e terá que buscar novas soluções para viabilizar esta ideia.

Aponta-se aqui a necessidade de entendimento de que esta ideia é possível de ser implantada e poderá trazer alto retorno em termos de lucro líquido para nossa empresa, portanto, esta ideia é viável.

Em geral, as ideias de número 1 (possíveis e de alto impacto) e 2 (possíveis e de médio impacto) são viáveis e fáceis. Já as ideias de número 3 e 4, são viáveis, em função do impacto, porém, se tornam mais difíceis no quesito execução. Compreendendo isto, passamos agora para a quarta etapa de nosso processo.

8.4. Planejamento e Novos *Insights* para Execução

Muitas vezes, é recomendável envolver o time novamente nesta nova etapa, por exemplo, digamos que nas ideias iniciais de como vender mais, uma sugestão trazida foi fazer a prospecção ativa de clientes. Dentre várias alternativas, esta foi a que pareceu possível/fácil e de alto impacto em suas vendas e, consequentemente, em seu lucro líquido.

Pois bem! Agora, você convida novamente o time para fazer um novo *brainstorming*. Mas, desta vez, a questão central será: "de que maneira podemos prospectar mais clientes? Ou: "de quantas maneiras podemos prospectar mais clientes?".

Se o grupo se mostrar mais receptivo e já tiver entendido o processo, também pode ser uma boa opção conduzir o processo de forma aberta, em que as pessoas possam interagir.

A interação funciona se o time estiver consciente do processo e disposto a ajudar, melhorando as ideias dos demais e não apenas as descartando ou as eliminando. Cabe a você fazer essa avaliação da maturidade da equipe.

É importante ensinar o time a ter uma postura mais construtiva e menos crítica. Solicitar que os integrantes ajudem a melhorar para que todos possam participar da evolução das ideias, imaginando que as primeiras ideias são como sementes que precisam ser regadas e cultivadas de forma coletiva.

Quando o time está nesse ponto de sinergia, tendo a dimensão do funcionamento do processo criativo em grupo, grandes oportunidades de inovar começam a despontar! Isso se tornará cada vez mais natural e espontâneo.

Como disse certa vez o Médico e Cientista Oliver Weldell Holmes: "muitas ideias se desenvolvem melhor quando transplantadas em outra mente do que naquela em que nasceram".

O importante é que estamos falando de um *Pipeline* e, como tal, deve ser alimentado constantemente. Por isso, todo líder ou *coach* precisa entender esse processo e suas possibilidades de aplicação, transformando essa ação num exercício constante.

Nesse sentido, afirmo, a partir de minhas experiências com treinamentos e vivências empresariais, que é algo que podemos fazer de forma sistemática e rotineira, com a mesma periodicidade e disciplina com que promovemos reuniões semanais para análise de resultado e acompanhamentos diversos. A inovação também precisa ter espaço na agenda e valor considerável de importância dentre os membros de um time. Passemos agora à quinta etapa.

8.5. Protótipo, Ajustes e Medição

Conforme já vimos anteriormente, toda ideia passa por um processo até se transformar em um serviço ou produto, ou seja, existe uma longa caminhada do ponto de partida, que é sair do papel, até se tornar real, isto é, até o ponto de chegada desejado.

E, nessa jornada, uma das etapas mais delicadas é a execução de testes no que se refere à funcionalidade, eficiência e escala de segurança para sua empresa.

Contudo, saiba que a perfeição não vem na primeira tentativa e, para muitas coisas, ela pode ser algo impossível. Principalmente quando nos referimos a produtos e serviços. Uma vez ouvi uma frase que dizia: “antes da obra-prima, devemos construir a prima da obra”.

Nesse sentido, podemos dizer que os protótipos, ainda que não estejam em perfeito estado de uso, podem permitir nos relacionarmos com o processo e esse, por sua vez, a nos relacionarmos com outros processos, facilitando melhorias e ajustes. Entramos na sexta etapa de nossos ensinamentos!

8.6. Implantação e Avaliação de Resultados

O Google, empresa líder de mercado, tem um princípio muito sólido e eficaz: “inovação não é a perfeição instantânea”. Trata-se de uma escolha difícil! Estamos falando de lançar um produto antes, sem que ele esteja perfeito, e ser o primeiro a comercializá-lo ou gastar meses no seu aperfeiçoamento, e arriscar a um fracasso quando lançado no mercado!

O Google optou por não esperar pela perfeição, lançando logo seus produtos e usando as reações do mercado para os refinar, de acordo com as reais necessidades dos usuários.

Remeto vocês, empresários e estimados leitores, para uma frase que costumo sempre dizer em meus treinamentos: "o feito é melhor do que o perfeito", frase que se fundamentou na forma de ser e agir do General Americano George Patton, na Segunda Grande Guerra Mundial. Diante dessa perspectiva, entramos agora na última etapa de nosso aprendizado, que complementa os princípios e ideias levantados pelo exemplo dado acima. Partimos para a "Melhoria Contínua"!

8.7. Melhoria Contínua

O conceito de melhoria contínua está fundamentado na filosofia japonesa Kaizen[38] e pressupõe a existência de desafios, a capacidade de identificar as causas dos problemas e ação de implementar soluções.

De acordo com a Gestão da Qualidade Total, conforme o texto de Caffyn[39] apresenta, "a melhoria contínua é o conjunto de atividades planejadas e recorrentes que visa aumentar a satisfação dos clientes, tanto internos quanto externos".

A partir da aplicação cíclica de uma técnica chamada PDCA[40], é possível obter melhorias de processos, produtos, serviços ou sistemas analisados. Para aqueles que não a conhecem, a sigla, original da língua inglesa, significa: **P -**

---

38 "[...]. O método kaizen é aplicado com sucesso pela empresa e os colaboradores que dele participam, se empenham em manter as mudanças realizadas. E, que esta conscientização deve ser mais divulgada entre todos os afetados pelas modificações, para que estes também façam parte do processo e procurem complementar e fortalecer este pensamento de contínua busca pelo melhoramento de suas atividades". FERREIRA, Rayna de Resende. **O *Kaizen* como sistema de melhoria contínua dos processos:** um estudo de caso na Mercedes-Benz do Brasil Ltda Planta Juiz de fora. 2009. 69f. Monografia (Graduação em Secretariado Executivo Trilíngue) – Universidade Federal de Viçosa, Viçosa, Minas Gerais, Brasil, 2009, p. v.

39 CAFFYN, Sarah. *Development of a continuous improvement selfassessment tool.* International ***Journal of Operations & Production Management.*** v.19, 1999.

40 O PDCA surgiu nos Estados Unidos na década de 20, criado pelo estatístico americano Walter Andrew Shewhart. Inicialmente, conhecido como clico de Shewhart, era composto por apenas três passos, repetidos continuamente (*especificação*, *produção* e *inspeção*). NAPOLEÃO, Bianca Minetto. **PDAC.** 2018. Disponível em: <https://ferramentasdaqualidade.org/pdca/>. Acesso em: 03 mar. 2020, p. 1.

plan = planejar; D - do = desenvolver; C - check = checar; A - act = agir. Sendo sua representatividade gráfica demonstrada na figura 10. Essa técnica deixa clara a concepção de que esse método pode e deve ser utilizado em todas as empresas de forma a torná-la mais efetiva e competitiva no mercado em que atua.

Figura 10 – PDCA[41]

Entende-se, ainda, que algumas importantes vertentes tornam o processo de melhoria contínua efetivo. Dentre elas temos:

- análise de valor;
- eliminação de desperdícios;
- padronização;
- racionalização da força de trabalho.

A busca pelo processo de efetividade da empresa passa pela melhoria contínua e, na sequência, vamos trazer o roteiro da metodologia de *coaching* para trabalhar a alta performance da Netprofit.

41 NERES, Helena. **Uso do Método PDCA para organização do seu negócio de alimentação.** Disponível em: <https://consultoradealimentos.com.br/consultoria/pdca-restaurantes/>. Acesso em: 03 mar. 2020, p. 1.

8.8. Roteiro para Aplicação da Metodologia de *Coaching* para Performance Netprofit

Este roteiro tem como objetivo auxiliar na aplicação da metodologia de *coaching* para performance Netprofit e sugerir uma forma de aplicação junto a sua equipe, simplificada e possível.

EIXO ATUAÇÃO EFETIVA (Deveres, Atividades e Responsabilidade)

Etapa 1 – Fazer no formato de *brainstorming* com o time. Tempo estimado para esta etapa de 35' a 45'.

Definição da missão da função; dos deveres, tarefas e responsabilidades.

Objetivo: esclarecer com os liderados quais são os resultados esperados para sua função, bem como indicadores que parametrizam a performance.

Mecânica: separar os liderados em grupos, de preferência manter juntos aqueles que executam a mesma função. Para realizar esta atividade, você precisará da Matriz 1 – Atuação Efetiva.

Perguntas-chave: 1. Por que o seu cargo foi criado? Que propósito ele tem dentro da empresa onde você trabalha?

Atenção: não queremos saber o que você faz e sim qual é a missão do seu cargo dentro da empresa!

Assim, o quadro 2 traz as etapas a serem preenchidas, considerando as questões respondidas:

FUNÇÃO
1. Por que o seu cargo foi criado? Que propósito ele tem dentro da empresa onde você trabalha? ⇐
Atenção: não queremos saber o que você faz e sim qual é a missão do seu cargo dentro da empresa!

Dica!

Muitos líderes não apontam sua responsabilidade com pessoas como algo relacionado a missão da sua função e acabam retratando tarefas operacionais. É importante se atentar a isto, pois este já é um primeiro ponto de esclarecimento para alavancagem de performance na função (aqueles que ocuparem cargos de liderança precisam inserir, em algum momento, a palavra pessoas na missão de sua função).

Quadro 2 – Etapa 1 - questões relacionadas a função

Alavancagem de atuação efetiva. Tempo estimado para esta atividade: 10'.

Objetivo: fazer o *brainstorming* com foco nas áreas de atuação efetiva (deveres e responsabilidades).

Mecânica: conduzir o processo de brainstorming (em grupo), onde cada participante, utilizando a Matriz 1 – Atuação Efetiva, faz uma lista individual relacionando os deveres, tarefas e responsabilidades que desempenham, ou deveriam desempenhar para cumprir a missão da sua função, ou seja, alcançar os resultados esperados para ela.

Assim, no quadro 3, temos as etapas a serem preenchidas a partir das perguntas-chave:

2. Quais são as suas responsabilidades? O que você considera ser um dever seu? Que atividades você faz, ou deveria fazer, para alta performance nesta função?	4. CURVA ABC (nível de impacto no indicador principal)	5. EFETIVIDADE (0 A 100%)	
	/ /	/ /	DESEJADO (futuro)

Dicas!

O mais importante é que os liderados tenham consciência de que existem algumas responsabilidades ou atividades que eles não executam, mas, que se fossem executadas por eles, impactaria positivamente para os resultados daquela função.

Exemplo:

Coachee: "como gerente de vendas, atualmente, não estou acompanhando meus vendedores em campo porque estamos mudando algumas políticas da empresa e não estou tendo tempo."

Coach: "essa é uma das atividades de um gerente de vendas? Ou seja, se você a executasse, ajudaria a impactar positivamente na missão da função?"

Coachee: "sim!"

Coach: "então, anote como uma atividade relacionada ao seu cargo."

Quadro 3 – Etapa 2 – alavancagem da atuação efetiva

Realização do indicador de performance da função. Tempo estimado para esta atividade: 5'.

A etapa a ser preenchida traz as questões apresentadas no quadro 4:

3. Qual é o indicador de performance prioritário no seu setor? Aquele pelo qual você será mais cobrado no final do mês; aquele cujos resultados, não sendo positivos, colocariam seu cargo em jogo?

Quadro 4 – Etapa 3 – indicadores de performance da função

Curva ABC. Tempo estimado para esta atividade: 5'.

Objetivo: classificar as atividades, deveres e responsabilidades por nível de impacto de cada uma delas no resultado da função.

Mecânica: individualmente, os liderados classificam suas atividades por nível de impacto, principalmente, no que diz respeito ao resultado e ao indicador de performance relatado anteriormente.

Pergunta-chave: todas as tarefas/responsabilidade são importantes, mas algumas delas, aparentemente, tendem a impactar mais no indicador de performance, outras tendem a impactar menos (impacto mais direto x impacto menos direto), como você classificaria estas atividades, deveres e responsabilidades hoje? (Curva ABC)

Sendo que A = Alto Impacto; B = Médio Impacto (bom impacto) e C = Ponto de Atenção (cuidado), impacto quase zero ou nenhum impacto no resultado da função, que letra você colocaria em cada uma delas?

Etapa a ser preenchida:

2. Quais são as suas responsabilidades? O que você considera ser um dever seu? Que atividades você faz, ou deveria fazer, para alta performance nesta função?	**4. CURVA ABC (nível de impacto no indicador principal)**	**5. EFETIVIDADE (0 A 100%)**	
	/ /	/ /	**DESEJADO (futuro)**
→			

Dicas!

Para ficar ainda mais claro, segue um exemplo: para um vendedor de telemarketing (basicamente vendas por telefone) efetuar ligações para possíveis clientes é uma atividade de alto impacto para sua função (A), já organizar sua mesa de trabalho é de baixo ou zero impacto (C). Não quer dizer que organizar a mesa não seja importante, mas sim que não impacta no indicador de performance da função: conversão em vendas.

Quadro 5 – Curva ABC

Unificação da curva ABC tempo estimado para esta atividade: 10'.

Objetivo: Fazer com que os grupos unifiquem a classificação realizada individualmente da curva ABC.

Mecânica: Os liderados discutem nos grupos o impacto de cada uma das atividades (deveres e responsabilidades) relacionadas no resultado da função.

Alinhamento e plano de ação tempo estimado para esta etapa: 45' (com cada liderado).

Objetivo: Alinhar com o liderado as tarefas relacionadas por ele, bem como o nível de efetividade em cada uma delas.

Mecânica: Agendar e promover reunião individual para análise e alinhamento com o liderado dos deveres, tarefas e responsabilidades relatados, bem como conduzir o processo de avaliação de efetividade em cada uma das tarefas. Além disso, criar um plano de atuação efetiva para aumentar resultados de forma prática e em curto prazo.

Pergunta chave: Se você se dedicasse somente a esta área, só fizesse isso, colocasse toda a sua energia nela, talvez chegaríamos próximo do 100% (perfeito, maravilhoso), se você não está fazendo, independente do motivo, colocaríamos 0%. No cenário atual, quanto você está sendo efetivo nesta tarefa, em uma escala de 0 a 100?

<table>
<tr><td rowspan="2">2. Quais são as suas responsabilidades? O que você considera ser um dever seu? Que atividades você faz, ou deveria fazer, para alta performance nesta função? ⇒</td><td>4. CURVA ABC
(nível de impacto no indicador principal)</td><td colspan="2">5. EFETIVIDADE
(0 A 100%)</td></tr>
<tr><td>/ /</td><td>/ /</td><td>DESEJADO
(futuro)</td></tr>
<tr><td></td><td></td><td></td><td></td></tr>
</table>

Quadro 6 – Alinhamento

Projeção para alavancagem de performance.

Objetivo: alinhar, com o liderado, novas possibilidades em termos de efetividade, para cada uma das tarefas relacionadas, também em uma escala de 0 a 100%.

Mecânica: anotar as novas projeções no espaço destinado na Matriz 1 – Atuação Efetiva; calcular a média de efetividade e posicionar no gráfico *Profit Ability*.

Pergunta chave: se você pudesse escolher o número ideal para ganhar o campeonato. Se você pudesse escolher sair de X (número estimado na etapa anterior) para outro número, qual seria ele?

Etapa a ser preenchida:

<table>
<tr><td rowspan="2">2. Quais são as suas responsabilidades? O que você considera ser um dever seu? Que atividades você faz, ou deveria, fazer para alta performance nesta função?</td><td>4. CURVA ABC
(nível de impacto no indicador principal)</td><td colspan="2">5. EFETIVIDADE
(0 A 100%)</td></tr>
<tr><td>/ /</td><td>/ /</td><td>DESEJADO
(futuro)</td></tr>
<tr><td></td><td></td><td></td><td></td></tr>
</table>

Dica!
Não especifique o tempo, deixe que a pessoa trabalhe em "luz verde", diga-lhe para anotar o que ela gostaria e não o que ela acredita que seria possível.

Quadro 7 – Projeção para alavancagem de performance

Plano de ação.

Objetivo: Criar um plano de atuação efetiva com o liderado para alavancagem de performance do mesmo.

Mecânica: Selecionar a(s) área(s) de impacto (a seleção é realizada seguindo os critérios do ROE – aquela área na qual colocar ainda mais energia terá maior impacto para o aumento de efetividade).

Perguntas-chave: Atividade de maior impacto – Atividade escolhida para iniciar o trabalho que, aparentemente, pode trazer maior impacto no seu indicador, no menor tempo?

Possibilidades de ação – O que você poderia fazer, por menor que sejam nas próximas 24 horas, que possa gerar algum movimento na atividade escolhida? (Anote pelo menos 10 novas opções).

Ação de 24 horas – Destas possíveis ações, escolha aquelas que parecem ser mais viáveis ou relevantes para iniciar / executar em 24 horas?

Meta para 7 dias – Independente das ações, escolha uma meta (SMART) a ser atingida. A meta deve ser um acelerador, algo que exija mais de você, por exemplo, concluir algo em menos tempo. Para isso, pense em um resultado específico, a finalização de algo ou um número específico que você gostaria de obter dentro de 7 dias.

Resultado esperado para 30 dias – Qual o resultado/ impacto esperado para o seu indicador?

EIXO: COMPETÊNCIAS ESSENCIAIS

Etapa 3. Acompanhamento de ações e Levantamento de competências

Tempo estimado para esta etapa: 45' (com cada liderado)

Reunião de acompanhamento.

Objetivo: Levantar as competências que serão 'recrutadas' para alcançar os resultados projetados.

Mecânica: Agendar nova reunião para acompanhamento de ações desenvolvidas e foco em mapeamento das competências relacionando as áreas de alto impacto e desenhando curva ABC.

Alinhamento.

Objetivo: Listar e alinhar com o liderado as competências essenciais para alavancar a performance naquela função, bem como o nível de efetividade em cada uma delas.

Mecânica: Agendar e promover reunião individual para análise e alinhamento com o liderado das competências relatadas, bem como conduzir o processo de avaliação de efetividade em cada uma delas. Além disso, criar um plano de atuação efetiva para aumentar resultados de forma prática e em curto prazo.

Perguntas-chave: Das áreas de atuação efetiva, qual delas você acredita que irá colocar ainda mais energia? Para ampliar de forma significativa seus resultados, que tipo de habilidades deveria estar ainda mais afiadas? Você terá que ser ainda mais o que (atitude)? Saber ainda mais o que (conhecimento)?

Olhando para a área de alavanca, se você pudesse classificar estas competências por nível de impacto (ABC) para alta performance na área determinada como seria?

Atualmente, em uma escala de 0 a 100 quanto você está tendo/ usando desta competência em relação ao que você precisa ter para chegar no quanto você quer chegar em efetividade na área escolhida?

Etapas a serem preenchidas:

<table>
<tr><td rowspan="2">2. Para ampliar de forma significativa seus resultados, que tipos de habilidades deveriam estar ainda mais afiadas? Você terá que ser ainda mais o quê (atitude)? Saber ainda mais o quê (conhecimento)?
2</td><td>3. CURVA ABC
(nível de impacto no resultado esperado)</td><td colspan="2">5. EFETIVIDADE
(0 A 100%)</td></tr>
<tr><td>/ /
3</td><td>/ /
4</td><td>DESEJADO
(futuro)</td></tr>
<tr><td></td><td></td><td></td><td></td></tr>
</table>

Quadro 8 – Alinhamento

Projeção para alavancagem de performance.

Objetivo: alinhar, com o liderado, novas possibilidades, em termos de efetividade, em cada uma das competências relacionadas, também em uma escala de 0 a 100%.

Mecânica: anotar as novas projeções no espaço destinado na matriz 2 - Competências Essenciais, calcular a média de efetividade.

Pergunta-chave: independente do seu cenário atual, quanto você acredita que deveria saber, ou deveria ser, ou deveria ter em cada das competências listadas? (calcular a média). Etapas a serem preenchidas:

<table>
<tr><td rowspan="2">2. Para ampliar de forma significativa seus resultados, que tipos de habilidades deveriam estar ainda mais afiadas? Você terá que ser ainda mais o quê (atitude)? Saber ainda mais o quê (conhecimento)?</td><td>3. CURVA ABC
(nível de impacto no resultado esperado)</td><td colspan="2">5. EFETIVIDADE
(0 A 100%)</td></tr>
<tr><td>/ /</td><td>/ /</td><td>DESEJADO
(futuro)</td></tr>
<tr><td></td><td></td><td></td><td></td></tr>
</table>

Quadro 9 – Projeção para alavancagem de performance

Plano de ação.

Objetivo: Criar um plano de atuação efetiva com o liderado para alavancagem de performance dele.

Mecânica: Selecionar a(s) competência(s) de impacto (a seleção é realizada seguindo os critérios do ROE – aquela área na qual a atenção acima do normal/ colocar ainda mais energia terá maior impacto para o aumento de efetividade).

Perguntas-chave: Atividade de maior impacto – Qual a atividade escolhida para iniciar o trabalho, aquela que, aparentemente, pode trazer maior impacto no seu indicador, no menor tempo?

Possibilidades de ação – O que você poderia fazer, por menor que seja, nas próximas 24 horas, que poderia gerar algum movimento na atividade escolhida? (Anote pelo menos 10 novas opções).

Ação de 24 horas – Destas possíveis ações, escolha aquelas que parecem ser mais viáveis ou relevantes para iniciar/executar em 24 horas?

Meta para 7 dias – Independente das ações, escolha uma meta (SMART) a ser atingida. A meta deve ser um acelerador, algo que exija mais de você, por exemplo, concluir algo em menos tempo. Para isso, pense em um resultado específico, a finalização de algo, ou um número específico que você gostaria de obter dentro de 7 dias.

Resultado esperado para 30 dias – Qual o resultado/impacto esperado para o seu indicador?

Gráfico *Profit Ability*

Objetivo: Criar uma representação visual do GAP, ou BRECHA, a ser trabalhada no eixo de competências essenciais. A finalidade desta etapa é ter o gráfico completo nos dois eixos, como o demonstrado ao lado.

CEO DA F5 GESTÃO EMPRESARIAL

"A inteligência emocional de um líder, diante de tantas incertezas, se sobrepõe a vários aspectos e pode ser um diferencial de competência e habilidade para trabalhar com a equipe".
Jainir Alves Junior

DADOS BIOGRÁFICOS

Jainir Alves Junior nasceu em 31 de outubro de 1978, na Cidade de Divinópolis, no Estado de Minas Gerais, filho de Jainir Alves e Maria Aparecida Matos Alves. Possui duas irmãs, sendo ele o caçula. Na sua concepção, ele desempenha dois importantes papéis na vida: o de filho do casal Alves e o de pai de Theo (9 anos) e Jordana (7 anos).

Ainda criança (com apenas 10 anos) Jainir saiu do interior de Minas Gerais e, buscando novas possiblidades, foi morar com sua família na Capital, Belo Horizonte. Essas oportunidades chegaram primeiramente com a profissão de jogador de basquete, quando atuou por uma década em times mineiros. Sempre foi apaixonado por esportes e, atualmente, é jogador de peteca.

É formado em Engenharia Agronômica pela Universidade Federal de Lavras e possui Mestrado pela mesma Universidade. Especialista em implantação de projetos relacionados a gestão comercial, gestão financeira, gestão de custos e despesas, mapeamento e redesenho de processo, planejamento estratégico, desdobramento de metas, gerenciamento da rotina, além de elaboração de planos de negócios, *valuation*[42] e análises de sensibilidade econômica e financeira. Possui habilidades multidisciplinares, conhecimento em gerenciamento de equipes e projetos com foco em resultados, implantação de metodologias PDCA (palavra derivada do inglês e que significa: PLAN – planejar; DO – executar; CHECK – checar/controlar e ACT – agir), SDCA (Standardize-Padronizar, Do-Desenvolver, Check-Controlar e Act-Agir), BSC (*Balanced Scorecard*) e em metodologias ágeis. Também é especialista *Green Belt* e atua em diversas auditorias de processos e sistemas normativos. Palestrante em empresas e entidades acadêmicas, especialista em vendas B2B (*business-to-business*) e técnicas de vendas.

Atua amplamente em diversos segmentos da economia brasileira, como varejo, construção civil, indústria, serviços, dentre outros. É sócio fundador da F5 Gestão Empresarial, atuando como consultor em gestão de empresas desde 2004, já tendo participado de mais de 1.500 projetos.

TRAJETÓRIA PROFISSIONAL

Meu primeiro trabalho foi na empresa da qual meu pai era presidente, porém, quando ele faleceu os demais sócios da companhia não consideravam mais minha assessoria necessária. Buscando proporcionar soluções a quem, efetivamente, acreditasse no meu trabalho e permitisse o desenvolvimento do meu potencial comecei minha atuação como consultor no segmento do Agronegócio, posso dizer que esse segmento foi a base da minha atuação profissional e considero que foi aí que minha carreira profissional se iniciou.

Em 2003 atendia produtores da região do Sul de Minas Gerais nas áreas comercial, de produção e logística de grãos. Atuei como consultor no segmento de agronegócio por um período aproximado de dois anos, no entanto com falecimento de meu pai e afastado do restante da minha família, que na época residia em Belo Horizonte, decidi que retornaria a capital mineira.

Claro que essa mudança foi difícil, pois precisei abandonar os projetos e resultados conquistados no Sul de Minas Gerais. Na época, duas multinacionais queriam me contratar, mas, optei por retornar à capital, ficando mais próximo de minha família.

42 *Valuaion* constitui um processo que permite analisar qual o valor de determinado ativo.

Ao voltar para Belo Horizonte ingressei em uma consultoria, em 2004, constituída somente por mim e mais um sócio. Começamos, então, a levar aos empresários de Minas Gerais soluções consultivas de grande impacto, que tinham a capacidade de gerar ótimos resultados. Todo o trabalho gerou excelentes oportunidades, tivemos uma boa aceitação no mercado e, após uma década, já contávamos com uma equipe de mais de trinta consultores.

Algumas divergências de valores, pensamentos e visão de futuro me fizeram repensar essa sociedade. Desse modo, no auge da empresa optei por sair da sociedade e construir uma nova jornada, que em princípio, era solitária. Foi um impacto grande para os clientes e, de forma ainda mais expressiva, para nossos colaboradores. Na verdade, foi um verdadeiro choque. Mas, essa dissolução era necessária.

Em um novo desafio que surgiu em minha vida profissional, ingressei como executivo de uma indústria em Belo Horizonte. Foi uma passagem rápida, de aproximadamente um ano. Todavia, foi um tempo importante para oxigenar minhas ideias e entender, de fato, que minha virtude estava em levar soluções consultivas de valor agregado aos empresários. Estava, então, desenhando a saída dessa indústria e reabrindo uma nova consultoria.

Nesse contexto, meu ex-sócio, que soube da minha volta ao mercado, propôs-me a recompra de minha antiga empresa (parece estranho, né?). Isso mesmo, a minha antiga empresa não estava mais performando no mercado, havia perdido a credibilidade, já se encontrava em processo de falência e com os colaboradores se desligando. Nesse momento, entendi que havia uma mão de obra de qualidade, porém insatisfeita, e diante desse contexto reassumi a consultoria.

Propus de imediato um *rebranding*[43], nova direção, novos valores e novos conceitos. Foi então que a F5 Gestão Empresarial (re)surge no mercado brasileiro. No primeiro ano tivemos um crescimento vertiginoso e alcançamos recordes de crescimento. Me vi obrigado a trazer um profissional para cuidar da vertical de projetos. E, assim, ingressou na sociedade uma pessoa com altíssima competência técnica, que veio agregar na equipe e para novas conquistas da empresa.

Diante disso eu pude focar nas estratégias comerciais, na busca por no-

---

43 Ações que buscam ressignificar a imagem percebida de uma empresa, produto ou serviço.

vas parcerias e no fortalecimento daquelas já existentes, elevando a empresa a patamares jamais alcançados. Trazendo um renascer para a empresa, como uma "Fênix", que ressurge das cinzas ainda mais forte e com voos mais altos.

UM EXEMPLO A SER SEGUIDO

É claro que todos temos, de alguma forma, uma pessoa que nos inspira, nos faz olhar para o horizonte, sonhar, lutar e vencer todas as pequenas e grandes batalhas impostas pelo cotidiano do trabalho e da vida. Certamente, em minha vida essa pessoa foi meu pai.

Minha grande inspiração foi meu pai. Ele faleceu quando eu tinha apenas 23 anos. Porém, tivemos um convívio intenso, de muita troca de experiência, companheirismo e cumplicidade. Com ele aprendi valores, ética e sobretudo respeito pelas pessoas e estima pelo trabalho.

Visualizei no meu pai a paixão que ele tinha em fazer aquilo que gostava. Compreendi com seu exemplo, que o resultado financeiro é reflexo do amor e dedicação ao trabalho. Por isso, meu pai é o meu exemplo de vida, trabalho e amor ao ser humano.

DESAFIOS E RESULTADOS

É interessante que a sensação ao contar a minha trajetória até chegar a CEO de uma empresa e ter sucesso profissional, é de que tudo foi muito fácil. No entanto, os desafios ou pedras encontradas no caminho foram muitos e, nem sempre, para os suplantar as ações demandadas eram fáceis ou controláveis. Por isso, todos os dias é preciso (re)começar e vencer os desafios que possam nos paralisar ou nos levar para lugares que nos distanciem do alcance de nossos objetivos.

Ao enumerar os principais desafios vivenciados em minha história profissional, acredito que tenham sido: a conquista de credibilidade da empresa junto aos clientes; as invocações de soluções de alguns problemas; a formação de equipes; a necessidade de resultados rápidos e a instabilidade do mercado.

Quando cito como desafio a conquista de credibilidade da empresa junto aos clientes, preciso fazer algumas considerações: todos os empresários sabem como é difícil conquistar a credibilidade dos clientes, mas, certamente, é ainda mais difícil solidificar as parcerias e fomentar essa credibilidade diante de todos os fatores que envolvem uma relação empresa/cliente. Essa credibilidade pode ser maculada com tamanha rapidez e, por vezes, de forma silenciosa, gerando, em pouco tempo, descrédito da empresa no mercado.

Ao citar como desafio as "invocações de solução" acredito, inclusive, que a expressão mais correta a apresentar seja "equívocos de solução". Isso ocorre porque embora possamos viver em um mundo cuja metodologias (ações e caminhos) são parecidas, as soluções precisam se adaptar às exigências do mercado. Por isso, é importante que as empresas tenham consciência do que o mercado exige e de quais são as soluções viáveis que a empresa pode apresentar quando solicitada ou, se caso necessite, entender quais os novos caminhos que podem ser trilhados para conquistar o mercado.

A formação de equipes, e eu acrescentaria de equipes competentes e comprometidas, é um dos grandes desafios de todas as empresas e, certamente, um dos principais desafios para todos os CEOs. Afinal, formar uma boa equipe requer oferecer aspectos motivacionais para os colaboradores, não apenas bons salários, mas um ambiente adequado para o desenvolvimento do trabalho e, especialmente, a valorização e o reconhecimento das capacidades e habilidades de cada indivíduo. Enfim, formar uma boa equipe é resolver um quebra-cabeças na empresa e esse pode ser um elemento de grandes conquistas ou grandes perdas para todo o grupo.

Outro desafio da nossa empresa e, porque não dizer, de todas as empresas é a necessidade premente de gerar resultados rápidos fruto das ansiedades dos nossos clientes, ou seja, que atendam a exigência do próprio mercado. Nesse sentido, precisamos utilizar nossos recursos para tornar a empresa cada dia mais competente e competitiva, de modo a realizar com maestria as exigências dos clientes, satisfazendo-os e os fidelizando.

Em relação aos desafios, parece que nós, empresários no Brasil, temos uma carga de dificuldade ainda maior, nosso mercado é tão instável quanto a nossa política econômica. A insegurança advinda da instabilidade do mercado, parece nos rodear a todo momento como se houvesse um intuito de fazer com que não tenhamos capacidade/força para continuar nossa atividade, pois, essa instabilidade do mercado nos assusta e pode, até mesmo, nos derrotar.

Buscamos todos os dias suplantar nossos desafios, com a intenção de alcançarmos bons resultados, tais como: crescimento e satisfação dos nossos clientes; transferência de conhecimento; implantação de metodologias e aprendizado tanto da nossa equipe quanto da equipe dos clientes.

Compreendemos que esses resultados são "vitórias" provenientes de pequenos e grandes desafios enfrentados cotidianamente na empresa, elas nos elevam a novos patamares e, consequentemente, a outros desafios que parecem ser ainda maiores. Isto nos permite considerar que os desafios e os resultados em uma empresa andam juntos, esses resultados precisam ser produtivos e positivos e, por isso, dependem de diferentes aspectos, como, por exemplo, da liderança.

LIDERANÇA

Os aspectos que envolvem a liderança no ambiente das empresas na atualidade, são considerados como elementos extremamente desafiadores. Afinal, temos que equilibrar todo o ecossistema – pessoas, mercado, clientes, governo, economia, recursos e resultados. Somos como o maestro de uma orquestra, não necessariamente somos os maiores especialistas em cada instrumento, ou sabemos tocar melhor que os demais. Porém, sem nossa presença a orquestra não tem ritmo nem harmonia.

Dentre outros aspectos considero que a inteligência emocional de um líder, diante de tantas incertezas, se sobrepõe a vários aspectos e pode ser um diferencial de competência e habilidade para trabalhar com a equipe, motivando-a e a tornando comprometida com o grupo e com os resultados para toda a empresa.

Nós, enquanto líderes, não podemos nos exceder junto a nossa equipe, nem tampouco repassar a ela os anseios de nossos clientes da forma que os recebemos, porque se assim agirmos poderemos incorrer na construção de um clima desfavorável para o desempenho das atividades de cada membro do grupo, ou seja, de cada engrenagem dessa grande máquina.

Além disso, pensar todos os dias em como entregar melhor os resultados, de forma ágil e que atenda às necessidades de um mercado em constante mudança, tendo que equilibrar a ansiedade da equipe, dos clientes e, somado a isso, a necessidade de alcançar metas é bastante desafiador.

Percebi claramente em minha jornada como líder que esses desafios cotidianos são mais facilmente superados quando aprendemos a escutar nossos colaboradores. Afinal, ninguém chega a um lugar sozinho e, por mais que estejamos na alta gestão, nossos colaboradores podem vivenciar e aprender coisas benéficas para a nossa liderança.

Na verdade, precisamos melhorar constantemente e, muitas vezes, esses aperfeiçoamentos são frutos de provocações do mercado ou dos próprios colaboradores. Visões diferentes e divergências de ideias são necessárias para estruturamos nossa massa crítica de pensamentos e, inclusive, para dinamizar as nossas ideias e termos melhores resultados em benefício de toda a equipe.

Por isso, sem dúvida, precisamos escutar, aceitar críticas e jamais ficar inertes aos saberes e conhecimentos de nossos colaboradores. Buscar sobressair aos desafios, compartilhando as soluções. Isso ajuda a calibrar nossas chances de sermos mais assertivos.

PLANEJAMENTO, EXECUÇÃO E INOVAÇÃO

Quando falamos de planejamento, execução e inovação acredito que temos alguns importantes desafios nessas abordagens, especialmente quando precisamos equilibrar tudo isso com as exigências do mercado e as capacidades e habilidades de nossa equipe e com a nossa própria liderança.

Em primeiro lugar, um bom planejamento acontece quando temos uma visão generalista dos fatos, das ideias e das propostas. Precisamos colocar a mesa todos os fatores inerentes e de alto impacto com reflexos reais sobre aquilo em que estamos atuando. Ter essa visão não é fácil, demanda tempo de aprendizado e conhecimento e, caso não a tenhamos, nosso planejamento ficará deficitário.

Nesse tema precisamos ser incisivos também na objetividade das análises. Não cabe tomarmos decisões somente pelo *felling*. Precisamos agir de forma racional com base em dados e fatos. A inteligência de dados é fator primordial para uma melhor assertividade e maior qualidade das futuras ações, além de possibilitarmos maior celeridade nas decisões. Afinal, um bom planejamento se inicia com o conhecimento real da situação da empresa e uma visão ampla da necessidade/capacidade e desafios/resultados a serem alcançados.

Em segundo lugar, disciplina na execução. Fator preponderante para atingir resultados. De nada adiantaria termos uma boa visão de negócios se não somos disciplinados e educados na execução dos planos. Visto que não podemos nos esquecer que alcançar resultados é atingir metas e objetivos. Não adianta ficarmos apenas no mundo das ideias ou não seremos recompensados pelo esforço. O resultado deve ser recompensado pela meritocracia.

E por fim, num mundo de constantes mudanças e desafios, é inevitável que estejamos em um processo contínuo de busca por melhorias das nossas soluções. Entregar mais e com menor tempo já não é mais um diferencial competitivo é, verdadeiramente, pré-requisito de um bom produto ou serviço. Afinal, as necessidades do mercado são mutáveis e dinâmicas, precisamos que a empresa seja capaz de acompanhar essas mudanças.

Nesse sentido, precisamos estar continuamente entregando valor aos clientes diante de suas novas necessidades. Pois, se isso não ocorrer, não nos apresentamos como diferenciais em nada. Por isso, recomendo sempre a busca de novos aprendizados, não para ficarem armazenados e sim para serem traduzidos em ações concretas.

DICAS PARA IR ATÉ O TOPO

Testar o que foi planejado, mesmo que seu melhor plano não seja, ainda, o ideal. A frase "algo feito é melhor que perfeito" se aplica nesse contexto. Sair do mundo das ideias e testar o plano de trabalho. Porém, certamente, precisamos estar preparados para a necessidade de mudanças no percurso, pois poderão existir correções. Nesse contexto, corrigir, e testar novamente suas alternativas de forma ágil são aspectos essenciais para a qualidade dos resultados que pretendem ser alcançados.

Hoje, percebo muitos empresários que não conseguem ser ágeis nas suas correções, perdendo muito tempo por falta de métodos eficientes, falta de dados para a melhor tomada de decisão e insegurança nas ações, pois não estão embasadas em informações e dados confiáveis. Então, uma dica é: se aprimorar em saber fazer de forma ágil mais assertiva e testando pequenos protótipos das suas ações.

CONCLUSÃO

Estamos chegando ao final dos ensinamentos que fazem parte do programa *High Performance Executive*. Se você fez uma leitura atenta, colocando em prática cada exercício proposto - EM PRÁTICA DE VERDADE - com persistência, foco, engajamento e disciplina, deve ter percebido que uma grande transformação pode ser realizada daqui por diante.

Nosso propósito é dar aportes para que líderes e executivos percebam que, mesmo em um mundo tão competitivo, é possível conquistar uma alta performance profissional e, com isso, ganhar mais tempo para se dedicar às outras áreas da vida.

Para ajudar a entender o que queremos dizer, pense em quais são as seis coisas mais importantes na sua vida. Escreva isso em algum lugar agora!

Depois, pergunte-se, com sinceridade, com que intensidade você tem se dedicado a cada uma delas? Talvez você tenha pensado em dar mais atenção à sua família, ou estabelecer uma conexão maior com Deus, entre outras. É possível que tenha se lembrado de alguns amigos que não procura já há algum tempo, ou daquela atividade física que adoraria praticar, mas está sempre ficando para um amanhã que nunca chega, assim por diante.

Se você pudesse dar uma nota para sua performance em cada uma dessas áreas, qual seria? Você se sente satisfeito com sua vida de maneira plena?

Pois é! Talvez existam alguns pontos que você gostaria de melhorar. Momentos de vida em que poderia fazer mais, fazer melhor, em cada uma dessas áreas que representam nossas alegrias e felicidade. E, sinceramente, você pode!

Essa oportunidade de crescimento precisa ser construída de maneira sólida e permanente.

Sabemos que o campo profissional consome a maior parte da nossa energia e do nosso tempo e, se você não possuir alta performance profissional (conseguir fazer mais, melhor, mais rápido e com menos), estará comprometendo, de certa forma, todas as outras áreas da sua vida.

Por isso, invista na maturidade de sua performance profissional, no crescimento de seus resultados e faça isso no menor tempo possível.

O segredo é simples, nós já falamos sobre isso durante as páginas desse livro: com 30% a mais de performance, fazendo isso mais rápido, quem sabe sobre para você algo entre uma ou duas horas a mais por dia. Você terá mais tempo e energia, além de motivação para aumentar também sua performance e satisfação nas outras áreas da sua vida.

Isso pode demorar um, dois, três meses... que sejam seis meses e até um ano, se você aplicar a metodologia conforme aprendemos aqui, os resultados vão aparecer e a sua vida vai lhe agradecer por isso. Seus familiares, seus amigos, a sua casa, o seu corpo, a sua saúde, a natureza, todos vão lhe dizer: "obrigado por agir"!

A certeza de que o treinamento e a quebra de paradigmas na vida das pessoas abrem novos horizontes, podem ser confirmados, na prática, no capítulo 10 desse livro, em que a história de vida e sucesso dos CEOs deixa evidente que embora seja difícil uma trajetória de sucesso, ela é sim possível.

Mas, você tem que dar o primeiro passo: COMEÇAR!

Não precisa acreditar em mim, apenas coloque em prática o passo a passo que vimos aqui e acredite em VOCÊ!

Encerro deixando a carta de DESPEDIDA DO PRESIDENTE DA COCA--COLA – Bryan Dyson:

"Imagine a vida como um jogo que você esteja fazendo malabarismo com cinco bolas no ar. Estas são: trabalho – família – saúde – amigos – espiritualidade, e você terá de mantê-las todas no ar. Logo você vai perceber que o trabalho é como uma bola de borracha, se soltá-la ela rebate e volta. Mas as outras quatro bolas são frágeis como o vidro, se você soltar qualquer uma destas ela ficará irremediavelmente lascada, marcada com arranhões ou mesmo quebrada, vale dizer que nunca mais será a mesma. Temos que apreciar e esforçar para conseguir cuidar do mais valioso..."

A vida é curta, por isso, ame-a e a viva intensamente!

REFERÊNCIAS

BANOV, Marcia R. **Recrutamento, seleção e competências.** São Paulo: Atlas, 2010.

BROCK, Vikki G. The secret history of coaching: what you know and what you don't know about how coaching got here and where coaching is going in the future. **EMCC.** Dublin, 18-20 sep. 2010. Disponível em: <http://www.wikkibrock.com/wp-content/uploads/2010/11/emcc-2010-secret-of-coaching-history-paper--brock.pdf>. Acesso em: 21 dez. 2019.

CARVALHO, Hélio Gomes de. **Gestão da inovação.** Curitiba-PR: Aymara, 2011.

CAFFYN, Sarah. *Development of a continuous improvement selfassessment tool.* ***International Journal of Operations & Production Management***. v.19, 1999.

CHIAVENATO, Idalberto. **Recursos humanos.** 9. ed. São Paulo: Atlas, 2009.

CORTELLA, Mario Sergio. **Por que fazemos o que fazemos?:** aflições vitais sobre trabalho, carreira e realização. 1. ed. São Paulo: Planeta, 2016.

FERREIRA, Rayna de Resende. **O Kaizen como sistema de melhoria contínua dos processos:** um estudo de caso na Mercedes-Benz do Brasil Ltda Planta Juiz de fora. 2009. 69f. Monografia (Graduação em Secretariado Executivo Trilíngue) – Universidade Federal de Viçosa, Viçosa, Minas Gerais, Brasil, 2009.

FLEURY, Maria Tereza Leme; FLEURY, Afonso. Construindo o conceito de competência. **RAC.** Edição Especial. p. 183-196, 2001.

GOMES, Grasieli Lima; NICK, Gisele; TORRES, Tércia Zavaglia. Gestão de pessoas: novos paradigmas para uma gestão estratégica. **Revista Eletrônica FACP.** Ano III. n. 08, p. 27-48, jul. 2015.

GONZAGA, Alessandra Rodrigues; RODRIGUES, Marcelo do Carmo. **Inteligência emocional nas organizações.** [recurso eletrônico]. Canoas-Rio Grande do Sul: Ed. Unilasalle, 2018.

HELERBROCK, Rafael. Potência e rendimento. **Brasil Escola.** Disponível em: <https://brasilescola.uol.com.br/fisica/potencia.htm>. Acesso em: 08 jul. 2020.

LESSA, Jorge. **Mandar é fácil... difícil é liderar:** o desafio do comando na nova economia. Salvador-Bahia: Casa da Qualidade, 2001.

MASCARENHAS BISNETO, José Pereira; LINS, Olga Benicio dos Santos Marques. Gestão da inovação: uma aproximação conceitual. **Revista Brasileira de Gestão e Inovação.** 3(2):86-109, jan./abr. 2016.

MATIAS-PEREIRA, José. **Curso de administração pública:** foco nas Instituições e ações governamentais. São Paulo: Editora Atlas, 2010.

MAXIMIANO, Antonio Cesar Amaru. **Teoria geral da administração:** da revolução urbana à revolução digital**.** São Paulo: Atlas, 2017.

______. **Introdução à administração.** São Paulo: Atlas, 2019.

MILKOVICH, George T.; BOUDREAU, John W. **Administração de recursos humanos.** São Paulo: Atlas, 2010.

MOREIRA, Renata Fabiana Portugal. **A motivação e desmotivação nas organizações:** estudo realizado na Empresa Zara. 2013. 74f. Dissertação (Mestrado em Gestão de Recursos Humanos) – Instituto Superior de Economia e Gestão – ISEG, Universidade Técnica de Lisboa, Lisboa, Portugal, 2013.

NAPOLEÃO, Bianca Minetto. **PDAC.** 2018. Disponível em: <https://ferramentas daqualidade.org/pdca/>. Acesso em: 03 mar. 2020

NERES, Helena. **Uso do Método PDCA para organização do seu negócio de alimentação.** Disponível em: <https://consultoradealimentos.com.br/consultoria/ pdca-restaurantes/>. Acesso em: 03 mar. 2020

OLIVEIRA, Lucia Barbosa de; ROCHA, Juliana da Costa. Engajamento no trabalho: antecedentes individuais e situacionais e sua relação com a intenção de rotatividade. **Revista Brasileira de Gestão de Negócios.** São Paulo. 19(65):415-132, jul./set. 2017.

OLIVEIRA, Maria do Carmo Leite de; SILVEIRA, Sonia Bittencourt. Linguística aplicada das profissões. **Veredas On-Line. PPG Linguística/UFJF.** Juiz de Fora, MG. 16(1):149-165, 2012.

PAHARIA, Rajat. **Loyalty 3.0:** how to revolutionize customer and employee engagement with big data and gamification. Canadá: McGraw-Hill Education, 2013.

PEREIRA, Carolina Santos Medeiros. **Síndrome do overtraining**. 2011. 42f. Monografia (Especialização em Treinamento Personalizado e Musculação) – Universidade Católico Salesiano, Lins, São Paulo, Brasil, 2011

PERES, Janete. **A importância do autoconhecimento.** Disponível em: <https://www.saudedafamilia.org/clinica/artigos/a_importancia_do_autoconhecimento.pdf>. Acesso em: 10 ago. 2020.

RAMOS, Lucimeri; CRUZ, Helio Alves da. A prática do feedback em uma organização industrial de São José/SC. **XII SEGeT – Simpósio de Excelência em Gestão e Tecnologia.** Tema: Otimização de Recursos e Desenvolvimento. 28 a 30 de outubro de 2015.

ROBBINS, Stephen P. **Comportamento organizacional.** 14. ed. São Paulo: Pearson, 2011.

ROCHA, Joséilton Silveira da; SELIG, Paulo Maurício. Mensuração do capital intelectual x avaliação de empresas. **Cruzando Fronteras:** Tendências de Contabilidad Directiva para el Siglo XXI. p. 1-19, 2008.

ROSCHEL, Hamilton; TRICOLI, Valmor; UGRINOWITSCH, Carlos. Treinamento físico: considerações práticas e científicas. **Rev. bras. Educ. Fís. Esporte.** São Paulo. 25(esp.):53-65, dez. 2011.

SARAIVA, Lucas Gurgel Mota. Empenho X desempenho. 2015. **Portal da Classe Contábil.** Disponível em: <https://classecontabil.com.br/empenho-x--desempenho/>. Acesso em: 03 maio 2020.

VIANA, João José. **Administração de materiais:** um enfoque prático. São Paulo: Atlas, 2009.